地学综合实习指导

李保国　王数　吕贻忠　张洪军　主编

中国农业大学出版社
·北京·

内容简介

《地学综合实习指导》是资源环境相关课程的配套教材。该教材主要介绍了分布于中国地理第二阶梯内蒙古坝上高原到第一阶梯冲积平原（华北海河流域）以及滨海地带沿线的地质地貌类型、土壤类型、植被类型、土地资源和农业利用等内容。通过由西到东典型路线实习，掌握景观从半干旱气候区向半湿润区演变，考察丰富多样的植被种类和各种不同的生态系统，调查不同的地质地貌单元、土壤类型演变、土地利用和农业利用方式之间的关系；架构学生的野外景观调查模式、区域综合解译制图等地学技能。教材附有常见矿物和岩石标本照片、华北地区各种相关地质地貌图、主要土壤类型、典型土系描述以及常见的代表植物照片等。整个教材图文并茂，易于学习和查阅，可供高等农林院校资源环境、土地资源管理、生态学、环境科学、资源环境与城乡规划管理、水土保持与荒漠化防治、地理信息科学、环境工程等专业作为参考教材用书，也可供相关专业人员参考。

图书在版编目（CIP）数据

地学综合实习指导 / 李保国，王数，吕贻忠，张洪军主编．—北京：中国农业大学出版社，2015．5

ISBN 978-7-5655-1049-6

Ⅰ．①地… Ⅱ．①李… ②王… ③吕… ④张… Ⅲ．①地理学－教育实习－高等学校－教材参考资料 Ⅳ．①K90－45

中国版本图书馆 CIP 数据核字（2014）第 188986 号

书　名　地学综合实习指导

作　者　李保国　王数　吕贻忠　张洪军　主编

策划编辑　孙　勇　　　　责任编辑　孙　勇

封面设计　郑　川　　　　责任校对　王晓凤

出版发行　中国农业大学出版社

社　址　北京市海淀区圆明园西路 2 号　　　　邮政编码　100193

电　话　发行部 010-62731190,2620　　　　读者服务部 010-62732336

编辑部 010-62732617,2618　　　　出　版　部 010-62733440

网　址　http://www.cau.edu.cn/caup　　　　e-mail cbsszs@cau.edu.cn

经　销　新华书店

印　刷　涿州市星河印刷有限公司

版　次　2015 年 5 月第 1 版　　2015 年 5 月第 1 次印刷

规　格　787 × 1092　　16 开本　　14.75 印张　　322 千字

定　价　56.00 元

编写人员

主　　编　李保国　王　数　吕贻忠　张洪军

编　　者（按姓氏笔画排序）

王国安　王　数　孔祥斌　吕贻忠　孙丹峰　刘　忠

李保国　李贵桐　李子忠　张洪军　陈焕伟　段增强

黄　峰

前言

《地学综合实习指导》是中国农业大学资源与环境学院为本科生开设的重点实践课程“资源环境野外综合实习”的配套教材，面向全院多数专业，包括资源与环境科学、土地资源管理、生态学、环境科学几个专业，每年大约有 100 名学生参加实习。2004 年开始，李保国教授主持课程设计，带领全院相关骨干教师赴北京、天津、河北、山西、内蒙古等地勘察，选择实习地点，确定实习路线。目前该实习路线已经基本成熟。

开创这样大型综合实习的目的是为了培养学生具有较强的野外调查能力和宏观思维的综合素质，对学生进行综合的专业知识训练和野外考察能力的培养，以增强学生的实际工作能力。综合实习能让学生了解实习区的主要地质、地貌、土壤、植被类型以及农业水土资源的利用状况、生态系统类型和环境健康状况等，正确认识地区间自然条件的差异的地学背景、主要资源利用和环境存在的问题，包括土壤退化、土地荒漠化、水资源危机、生态失衡等，并引导学生从宏观角度思考区域可持续发展的途径和农业环境的健康发展，从而理论联系实际，学以致用。

组织这样大型的野外综合实习实属不易，尤其在开始存在一定的困难。首先是安全问题，要组织这么多学生完成长距离的、跨专业的综合实习，安全是第一位的。其次是校外食宿问题，我们先后与山西省大同市政府及相关部门、中国地质大学秦皇岛实习基地、中国中煤能源集团公司平朔煤炭工业公司等单位一一建立联系，得到了他们的大力支持，解决了食宿问题，为实习的顺利进行打下了基础。几年来，每个暑假除有一批放弃假期而一直坚持带实习的敬业的教师外，研究生们起到了不可或缺的作用，他们是老师的得力助手。大家的精诚团结、通力合作，使 10 年来每一年的实习都得以圆满完成。本课程获得了北京市人民政府颁发的“2008 年北京市教育教学成果（高等教育）二等奖”。

在往年的实习中，为了让学生能有实习指导参考资料，老师们自编了实习指导手册，虽然暂时解决了问题，但不系统、不完善。通过每年各位老师在实践中的不断积累，实习内容逐步得到完善，老师们也把多年的积累汇成了这本教材。

时至“资源环境野外综合实习”课程开课 10 周年之际，为了总结过去 10 年的经验和集体成果，特出版此教材，以表达对所有参与过该综合实习的老师、研究生们的较分散，实习的综合性不够。因此，有必要整合各课程的实习内容，打通各专业课程的界限，该综合实习可以满足上述课程大尺度、大范围的实习要求。

目前该课程实习内容基本上分为华北中西部地区、华北东部地区两部分，即西线、东线。东线从北京出发，沿京津高速，沿途考察滨海平原、盐渍土、泥质海岸、石质海岸、滩涂等生态景观、土壤类型和农业利用状况，同时介绍永定河和滦河流域河口景观演化和发展状况。西线从北京出发，经延庆—怀来盆地、阳原盆地、山西大同火山群、平鲁露天煤矿、恒山悬空寺、张家口盆地、坝上张北、内蒙古太仆寺草原等，沿途考察冲洪积平原、第四系沉积物、黄土地貌、火山地貌、煤矿露天开采、土地复垦、草原、褐土、栗钙土、风沙土等资源环境要素。

实习准备及过程 10 余天，东线 3 天，西线 3 天，中间休整 1 天，野外考察前，校内讲解、预习及准备工作 2 天；实习后总结，包括考试和实习报告编写 1 周左右。

1.3　地学综合实习的教学要求

地学综合实习是一次难得的了解大自然、了解基本国情、验证书本知识、巩固专业技能的大好机会，每个实习学生都应该好好珍惜。

野外综合实习的基本教学要求是安全第一，严守纪律；勤学好问，认真观察，做好记录，温故知新。

在教师队伍上，保证每个专业都有相应的骨干教师参加，专业教师包括土壤学、土壤地理学、土壤资源调查、生态学、地质与地貌学的骨干教师。每个实习地点，都有相应的专业骨干教师进行相应的专业要点讲解，这样保证了实习内容的跨专业的综合性。

每个实习小组分别安排专门的教师进行辅导和管理，实习学生可在小组教师的带领下以小组为单位进行独自作业考察。

每一个实习点，都要较完整地了解地质、地貌、土壤、植被、土地利用等内容。每个同学都要有专门记录本，详细记录每个点所观察到的内容。实习笔记要每天上交各组指导教师检查。

对于综合实习的考核分 4 个方面：

（1）现场考察　在每个实习地点，由专业指导教师制定考察任务，要求学生完成野外特定实习考察要素的辨识、拍照和标本采集工作，完成任务后由专业指导教师检查。

（2）考察记录　每个学生都要做考察记录，记录每个考察点的考察要素、要点。要求按照一定的格式进行考察记录。

（3）考试成绩　野外实习结束后，由指导教师出题进行笔试，笔试试卷和成绩上交教务处作为必修课的档案保存。

（4）总结报告　每个参加实习的学生在实习结束后 2 周内，必须上交实习总结报告，报告的题目可自选，但要符合一般论文撰写的格式。总结报告也上交教务处备案。

总成绩为百分制，由上述各项成绩加权平均形成。一般为考察记录 20%、考试成绩 60% 和个人总结报告 20%。

第 2 章 地学综合实习的安全管理

地学综合实习是资环学院有组织的集体到野外大自然的课堂学习，野外实习时间 1 周左右，主要进行地质与地貌、土壤资源、生态环境、土地利用、农业利用等基本知识的实践学习。野外实习一般安排在夏末秋初的小学期内进行。本着安全第一、学以致用；生动活泼、快乐实习的原则，为了实习的安全，必须严格加强安全管理。

2.1 实习的准备工作

1. 实习前培训

为了提高实习效果，在每年实习前对实习内容涉及的专业知识，有专门的老师进行讲解，对实习过程中的实习仪器的使用进行必要的培训。培训内容主要包括以下几个方面：

（1）实习安全培训　由负责组织实习教师介绍实习内容、实习安排、分组安排、实习准备和安全纪律等内容，重点强调实习纪律考核和实习安全问题。

（2）地质与地貌学基础培训　主要内容包括基本岩石矿物的辨识、基本地质构造、基本地貌类型的讲解。培训时间 1 学时。

（3）第四纪地质培训　主要内容包括第四纪划分、新构造运动、气候变迁、第四纪地质地貌类型、黄土地貌等。培训时间 1 学时。

（4）土壤知识培训　主要包括相关土壤类型的识别、分布及野外调查等。培训时间 1 学时。

（5）生态环境基础培训　主要包括华北地区的植被区系、主要植被种类、野外生态环境调查方法等内容。培训时间 2 学时。

（6）综合知识培训　主要讲解资源环境宏观思维意识、知识的综合利用、实习区主要土地利用类型和覆被、现代野外调查技术应用等。培训时间 3 学时。

2. 实习仪器工具准备

（1）实习工具　通常野外实习工具包括专业考察用具和考察记录用具、安全卫生用具、生活保障用具等。包括野外实习的 GPS、地质罗盘仪、望远镜、地形图、遥感影像、HCl 试剂、地质锤、测高仪、导航仪、对讲机、扩音器、电池等用具。GPS 主要用来记录考察地点的地理坐标，有些先进的 GPS 内含大比例尺地图，具有野外导航功能，对于查找野外考察地点的位置，防止实习时迷路，提高实习效率很有用处，但由于其功能比较复杂，建议实习前进行必要的使用培训；望远镜主要用来观察远处的地貌景观，或进行考察现场的管理使用；地质罗盘仪、地质锤主要用于考察岩石；遥感影像、地形图主要用于判断野外地质地貌，从宏观上把握考察点的地理位置，是野外实习的重要参考资料。遥感影像目前可以由于断层活动，永定河河道多次改道，由北向南逐渐迁移，永定河改道形成的巨大冲洪积扇相互叠压，最终塑造成如今的北京平原面貌。这些冲洪积扇从扇顶到扇缘，沉积物有从砂砾石、中粗砂、粉细砂到黏土的规律变化。在扇间洼地和扇缘分布有湖相和沼泽相沉积。由于河流摆动，冲洪积扇内岩性横向变化迅速，对比困难。在垂向上，砂砾石、砂、粉砂、亚黏土、黏土交互出现。在扇中、扇缘部位可见由粗到细的韵律。除了冲洪积扇外，在马池口、后沙峪和平谷存在 3 个第四纪沉积凹陷，这些冲洪积扇和沉积凹陷共同构成了北京平原第四纪沉积总体轮廓。

永定河冲洪积扇群由多个扇体相互叠压组成，其中有两个扇体分布在北京境内。一号扇体形成时间最早，规模最大。山顶位于石景山地区，主要沉积物为砂砾石，出露地表，厚度数十米；扇中为中砂 – 细砂 – 粉砂与黏土互层，其河道部位为砂砾石和砂，河道两侧沉积物粒度变细；通州区地区是冲洪积扇扇缘，沉积物颗粒较细，以黏土、亚黏土为主，见湖沼相沉积（图 3–3、图 3–4）。

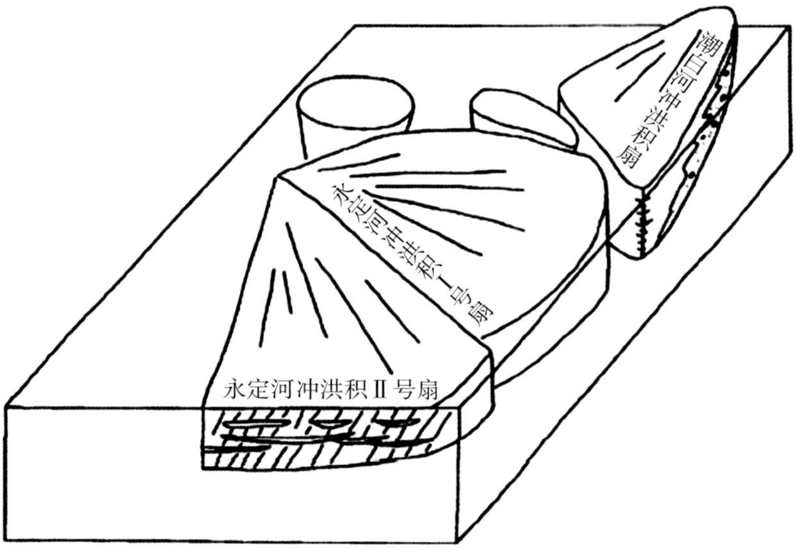

图 3–3　北京平原区第四系地质单元组合（引自蔡向民等，2009）

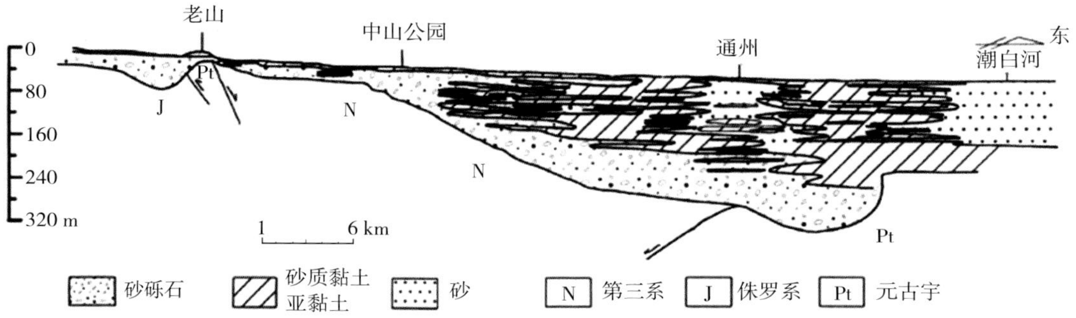

图 3–4　永定河 1 号冲洪积扇纵剖面示意图（引自蔡向民等，2009）

3.2.3　北京山前冲洪积平原主要土壤类型

北京地区的土壤类型及分布见图 3–5。

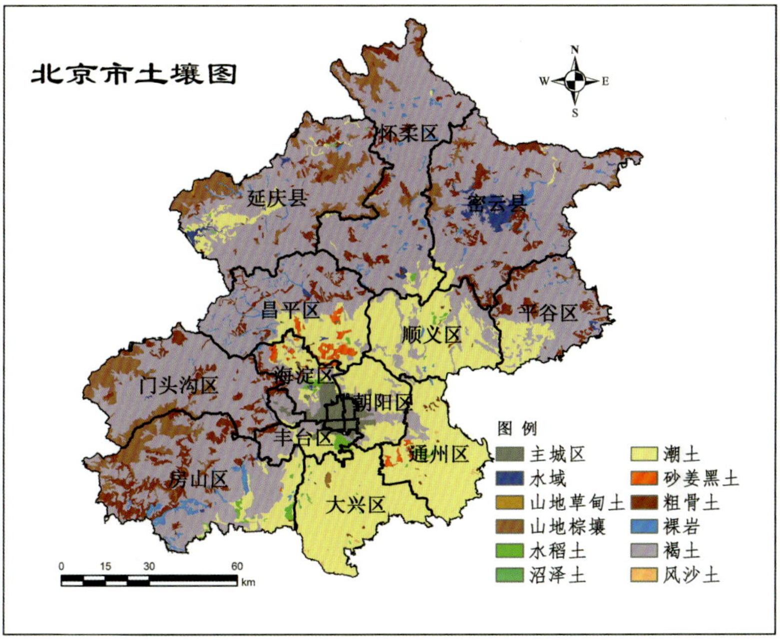

图 3–5　北京地区土壤类型分布图（第 2 次全国土壤普查分析体系）

其主要土壤类型的特征如下：

1．褐土

褐土主要分布于洪积扇顶部和洪冲积扇的中下部、河流冲积平原出山口或山丘间谷地的干河床两侧，母质为近代沉积物，成土时间短，发育层次不明显，肥力水平一般不高。

北京褐土总面积 89.11 万 km^2，占全市土壤的 64.95%，为全市面积最大，分布最广的土壤，分布在海拔 40 m 以上的山麓平原及 700~1 000 m 低山丘陵。根据碳酸盐的淋溶淀积及黏化过程，按照第二次土壤普查分类系统，划分为淋溶褐土、普通褐土、碳酸盐褐土、褐土性土及潮褐土 5 个亚类。如按照我国土壤系统分类系统，应为淋溶土等，见附录中土壤分类表。

图 3–6　淋溶褐土

（1）淋溶褐土　淋溶褐土（图 3–6）主要分布在海拔 700~800 m 以下 300 m 以上的低山丘陵区，土壤进行着腐殖质化、心土黏化及土体碳酸盐的淋洗过程，全剖面呈中性反应，少数表土呈微酸性反应，表土有机质含量低于山地棕壤。淋溶褐土黏粒淋溶淀积比较明显，具有明显黏化层，石灰遭到强度淋溶，只有在下部底土层中才可以看到碳酸钙淀积的褐土亚类。全剖面呈中性，没有石灰反应。剖面构型为 A–Bt–Ck。淋溶褐土以粘壤土和壤质黏土为主，黏粒含量在 20%~40% 之间，以心土部位含量最高。黏化层比较深厚，可达 70 cm 以上。土壤盐基饱和，养分含量除表层较高外，余下较低。

（2）普通褐土　普通褐土（图 3–7）分布于海拔 500 m 以下，40 m 以上的低山丘陵和山麓阶地，以及洪冲积扇的中上部。普通褐土发育于暖温带半湿润气候，在碳酸钙的淋溶淀积作用和黏化作用下形成的具有弱黏化层和钙积层的地带性土壤。颜色为棕褐色，腐殖质层有机质含量 1%~3%，质地多为壤土，透水性好，弱碱性，pH 7.0~8.4；褐土的母质主要是黄土及其他含碳酸盐的母质。褐土主要形成过程是碳酸钙淋溶淀积过程、黏化过程和干旱的凋落物及腐殖质累积过程。主要的剖面特征如下。

图 3–7　普通褐土

O 层：森林植被下有枯枝落叶层，2~5 cm 厚，开垦后则消失。

Ah 层：腐殖质，暗棕色，厚度 20~50 cm，有机质含量 1%~3%。

Btk 层：黏化层，干时两度棕色，核块状结构，该层的黏化系数大于 1.2，即黏粒含量至少比上覆层大 20%，一般在结构体上可看到胶膜，有时可看到石灰淀积物，如假菌丝。

C 层：因母质而异。

褐土的盐基饱和度一般 100%，所含矿质养分比较充分，是我国主要的旱作土壤，肥力水平较高，土层较厚，但土壤水分较差，旱情重。

（3）石灰性褐土　碳酸盐褐土多分布在石灰岩类及黄土性母质的低山丘陵、河谷台地和洪冲积扇的中部。因淋溶作用弱，全剖面石灰性反应都较强烈，底土碳酸钙聚积可高达 10% 以上，pH 值在 8.0~8.5 之间，黏化层不够明显。石灰性褐土（图 3–8）的淋溶作用与黏化特征比普通褐土弱，全剖面颗粒组成比较单一，黏化层较薄。因土壤母质类型不同，土壤质地也不同。全剖面均含有较高的碳酸钙，石灰反应强烈，剖面层次分异不显。石灰性褐土是褐土中发育较弱的亚类。

图 3–8　石灰性褐土

（4）褐土性土　褐土性土（图 3–9）是指褐土剖

面中碳酸钙已开始淋溶脱钙，但尚未形成明显的黏化特征的褐土亚类，是褐土发育的初级阶段。一般分布在褐土区的山丘地段，不论在石质山区还是在黄土丘陵山区，由于地形陡坡与侵蚀，分布着不同发育程度的褐土及初育性土类。由于属于褐土的初级发育阶段，土壤剖面分异不明显，A 层之下有 Ah 层和 Bk 层形成，全剖面具有石灰反应，pH 在 7.5 以上，母质特征明显。

（5）潮褐土　潮褐土（图 3–10）主要分布于山麓符合冲积扇平原，地形平坦，开阔，土体深厚，地下水位 3 m 左右。土体受草甸化过程的影响，土色较暗，底土以下可见锈斑锈纹或小的铁锰结核等新生土。土体上部具有褐土特征，但由于地下水升降活动参与成土过程，在剖面的底部有锈色斑纹层。潮褐土在京汉铁路两侧的北京、河北、河南境内较多。土壤质地适中，以黏壤土及壤质黏土为主，有时也有砂黏夹层，水分条件好，pH 适中（7~8），其有机质含量及矿质养分含量中等以上，是水分、养分及理化性质均较优良的土壤类型。

图 3–9　褐土性土

图 3–10　潮褐土

2. 潮土

潮土是一种受地下潜水影响和作用形成的具有腐殖质层（耕作层）、氧化还原层及母质层等剖面构型的半水成土壤。潮土是平原区土壤面积最大的一个土类，是我国主要产粮区（图 3–11、图 3–12），主要分布在黄淮海平原、长江中下游平原及山间盆地、河谷平原。

华北地区的潮土主要分布在河南、河北、山东三省，各自面积都在 400 hm^2 以上。该地区地势低平开阔，微有起伏；地下水埋藏较浅，潮化过程明显，有锈纹锈斑或铁锰结核。全新世冲积母质（Q_4^{al}）的各类潮土多不形成砂姜，而晚更新世洪积冲积母质（Q_3^{Pal}）形成的砂姜潮土及褐潮土，则常形成砂姜。除少数非碳酸盐母质外，一般通体都含有一定的碳酸钙，土壤都呈微碱性反应。

潮土的成土过程主要有潴育化过程和腐殖质累积过程。潮土土类根据地形、水文条件及附加过程对土壤发育的影响，潮土分为潮土（黄潮土）、湿潮土、脱潮土、盐化潮土、

图 3–11　由潮土组成的平原区粮食生产基地

图 3–12　潮土剖面

碱化潮土、灰潮土及淤灌潮土 7 个亚类。该土壤如按照我国土壤系统分类系统应为雏形土，见附录中“中国土壤系统分类与其他系统分类单元的对应关系”。

目前，华北地区的潮土绝大多数都已经开垦为农田，其肥力受耕作、施肥、灌排和耕作制度的影响。潮土土类受黄土性母质影响，矿物养分较丰富，但有机质、氮素及速效磷较低。华北平原是由黄河、淮河和海河冲积物长期沉积而成的平原，因而又称黄淮海平原，其面积达 30 万 km^2，是我国第二大平原。由于河流冲积物颗粒均匀，质地适中，多为壤质土，耕性好，通透性好，保水保肥，因而潮土的生产性状良好，适种性广，是华北平原优质粮田。这里耕作历史悠久，是我国重要的麦棉产区。华北平原的土壤主要是由黄土性冲积物发育的潮土。其主要特征是地势平坦、土层深厚。

在潮土的开发利用上，配套的水利工程和农田基本建设对于防治洪涝、干旱和盐碱化等不利自然因素仍属必要，并须辅以防风固砂、翻淤压砂、客砂治粘等改土措施。对处于低洼地段的潮土，应进行排涝治渍或改种水稻，以发挥土壤生产潜力。由于历史上黄河、淮河和海河水患频繁，影响到潮土生产潜力的充分发挥。新中国建立以来，大力兴修水利，防洪、除涝、抗旱、治沙、改碱，现在已发生显著变化。自 20 世纪 80 年代以来，国家先后组织了多次黄淮海农业科技攻关，潮土的生产潜力已大大提高。

3.2.4　北京山前冲洪积平原植被和土地利用

山麓地带人文景观居主导地位，山坡下部、山麓台地及许多谷地里多辟为果粮间作地。山坡上广泛分布着半旱生的荆条灌丛和散生有荆条的黄草、白羊草灌草丛，偶有小片的人工林——侧柏林、油松林、洋槐林等分布其间。山麓地带是京郊山前果树带的一部分，温暖的气候很适于果树的生长。主要的果树有柿子、梨、苹果、核桃、枣、红果等。

从山麓地带向华北平原延伸，自西北山麓向东南缓倾，海拔高度一般介于 50~20 m，东南部最低处仅 10 m 左右。按本区气候、土壤条件，原生的地带性植被应为温带落叶阔叶林，它们主要分布在受不到地下水影响的洪积冲积平原的上部及河间高地，而在受到地下水影响的沿河两岸、扇缘地带及洼地应为草甸。但这里开垦历史悠久，天然植被早已被彻底改变，栽培植被占绝对优势，已成为北京市粮食、蔬菜、果品等生产基地。该区主要种植制度为“冬小麦—夏玉米”一年两熟。改革开放以来，特别是近年来由于水资源短缺，种植制度也发生了较大的变化，各种经济作物种植面积也占到耕地面积相当比重，城市、道路建设占地面积迅速扩大，见图 3-13。

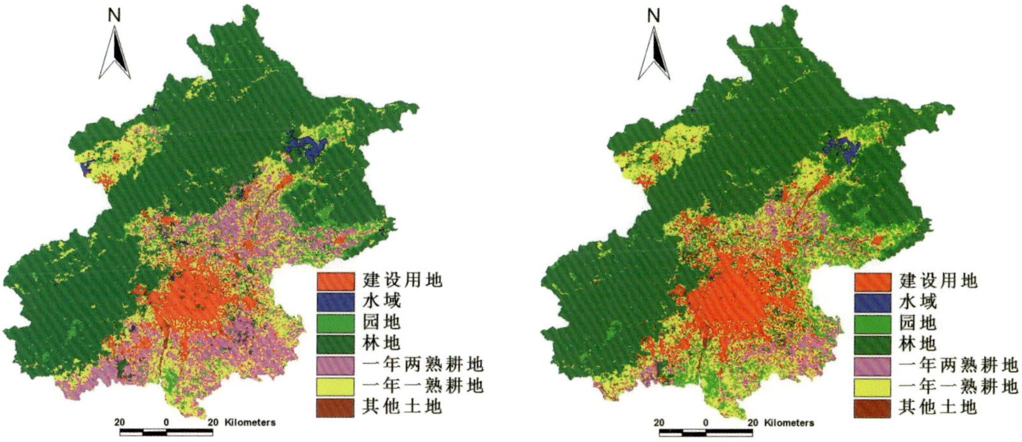

（2000 年）　　（2008 年）

图 3-13　北京土地利用类型变化图

3.3　北京南口 – 八达岭沿线主要地学特征

3.3.1　概述

八达岭位于北京城西北约 60 km 处，东经 116° 65 '、北纬 40°25 '，是峰峦叠嶂的军都山中的一个山口。明代《长安客话》说，“路从此分，四通八达，故名八达岭，是关山最高者”。

在元代，“八达岭”被称为“北口”，是与南口相对而言。南口在北京市昌平区境内，从南口到北口，中间是一条长 20 km 的峡谷，峡谷中有万里长城的著名关口“居庸关”，这条峡谷因此得名叫“关沟”。关沟一带有许多名胜古迹，除居庸关外，还有云台、詹天佑墓、南口城、八达岭关城等。八达岭高踞关沟北端最高处。两峰夹峙，一道中开，居高临下，形势极其险要。其山口的特殊地形，成为历代兵家必争之地，一向驻以重兵把守。

南口所在区域自西向东分别为延庆山前断陷盆地、京西隆起山地和北京地堑平原组成（图 3-14）。地处南口以北并与八达岭长城、明十三陵毗邻的南口剖面是我国北方著名的特殊剖面之一，历史悠久，地位重要，有中国中上元古界经典剖面之称。

本区地形总的轮廓是西北高东南低，从西北山区向东南平原区呈阶梯状倾斜下降，分别构成中山、丘陵、冲洪积扇、基岩残丘平原，平原和山区相对高差约 400~500 m，山区除个别海拔高于 1 000 m 的中山外，多为小于 1 000 m 的低山及山前丘陵地带，一般高程为几十至几百米不等。

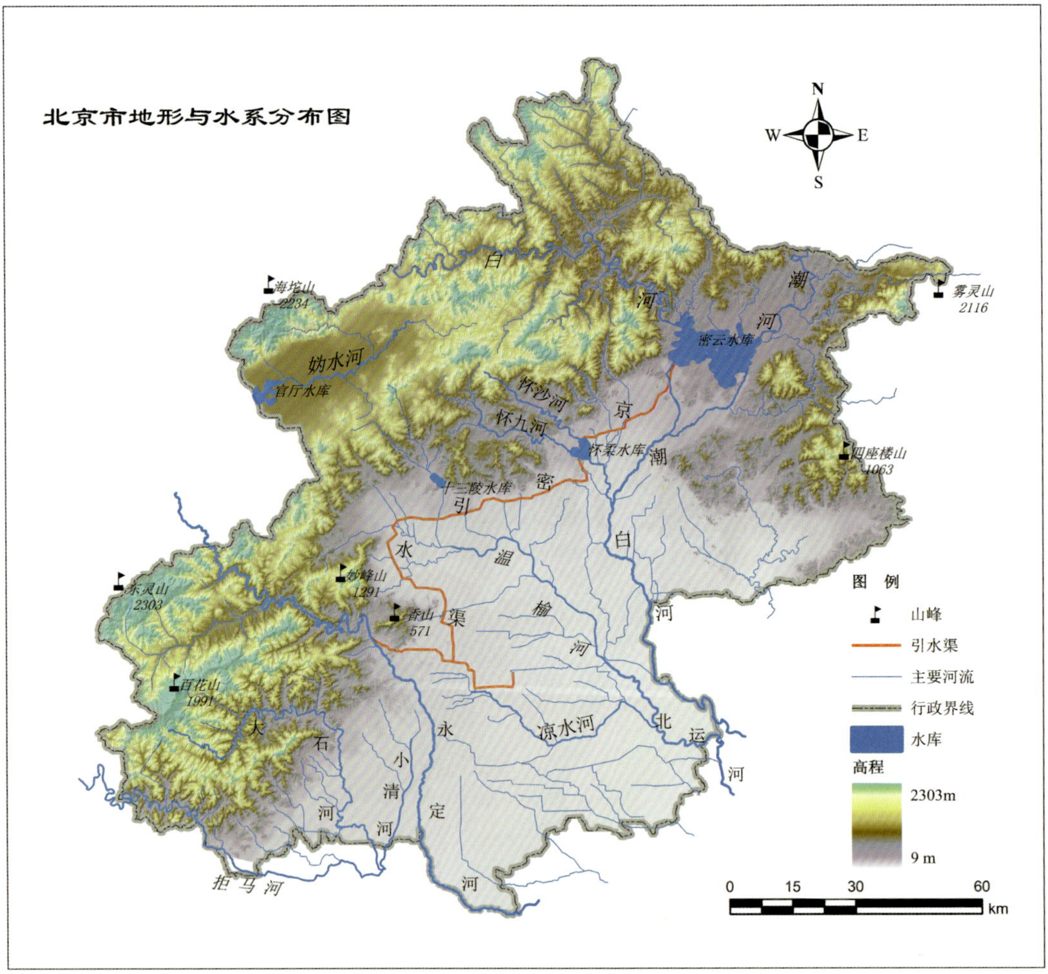

图 3-14 北京市地形与水系分布图

3.3.2 南口 – 八达岭沿线的地质条件及风化特征

从南口到八达岭沿线的岩石类型包括 3 大类，其中以岩浆岩居多，图 3-15 中所示的各种红色区域均为岩浆岩。

南口位于洪积扇组成的山前平原中，由第四系松散洪积物组成，往西北不远处即出现长城系地层，呈北东南西条带状延伸，但宽度较小，依次出现高于庄组（Chg）地层由燧石条带白云岩、灰质白云岩组成；大洪峪组（Chd）主要由石英砂岩和燧石条带白云岩组成；常州沟组则由少许碎屑岩组成。在洪积物与基岩的交界处有一走向与长城系地层相同且延伸很远的断裂，即北京两条大断裂之一的沿河城—南口—琉璃庙大断裂，其跨门头沟、昌平和怀柔三个区县，规模较大。在南口可以清楚地看见由于断层活动所形成的断层三角面山。在长城系地层的北侧有平面形态呈三角形分布的变质岩，为太古界密云群沙厂组的片麻岩，分布面积不大，其北端为一条走向与南口大断裂一致的断层通过，引起岩石破碎。变质岩西北部出露岩性为燕山期的石英闪长岩（δο）和花岗岩（γ），前者早于后者侵入；变质岩的北部和东北部分布了一大片沉积岩，以长城系高于庄组（Chg）的燧石条带白云岩和灰质白云岩为主，夹有少许蓟县系雾迷山组（Jxw）的燧石条带白云岩，居庸关就坐落在此岩石中。从居庸关以北至八达岭分布着大面积的燕山期二长花岗岩（ηγ）、碱性花岗岩（χγ），前者具有斑状结构、块状构造，其中还有一些石英斑岩（λπ）存在。

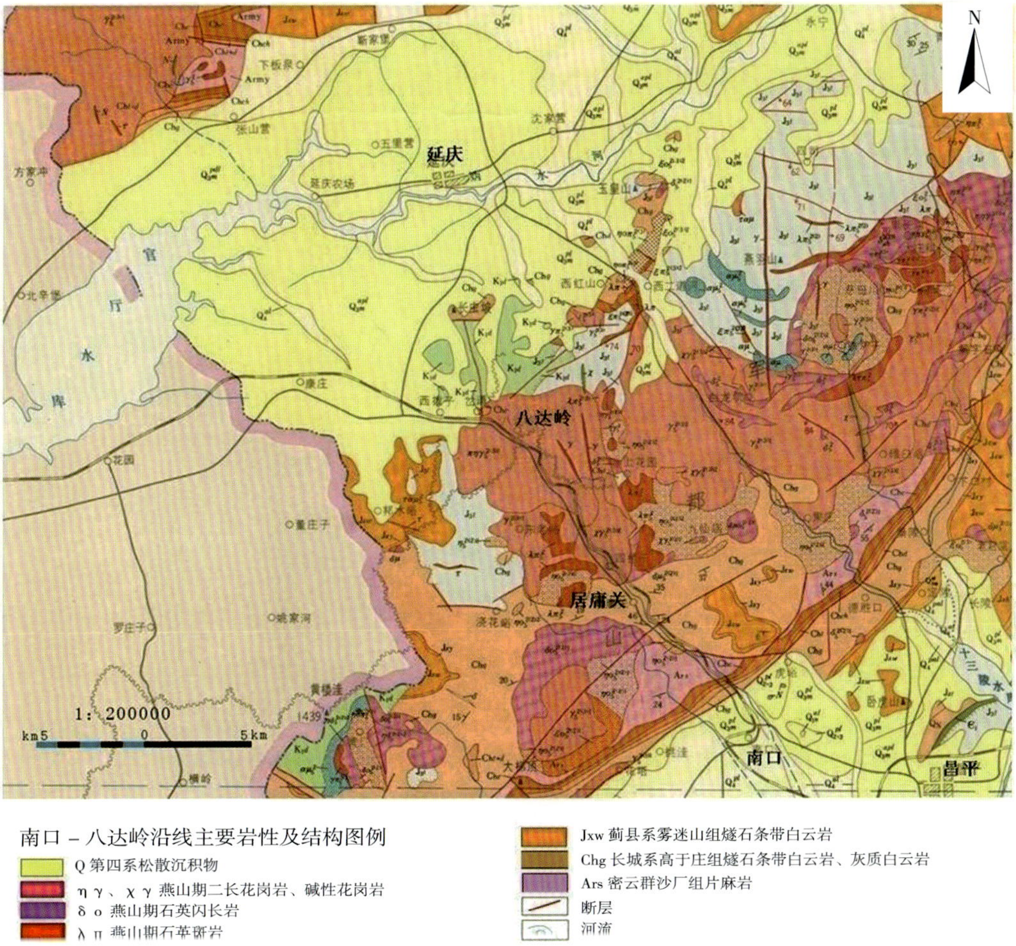

图 3–15　北京南口 – 八大岭一带地质图（改自北京市地质矿产局，1991）

南口至八达岭沿线大部分为花岗岩，由于花岗岩具有斑状结构、块状构造，同时这一带除了两条大断裂外，花岗岩中还有大量节理发育，因而花岗岩球形风化很明显。在八达岭一带，可以发现明显的浅肉红色的球形风化的岩石（图 3–16），给气势恢宏的长城增添了几分色彩。

图 3–16 八达岭附近的浅肉红色花岗岩（李保国 摄）

3.4 北京延庆 – 怀来盆地植被及土地利用

3.4.1 八达岭植被及土地利用

八达岭是居庸关的外口，北往延庆、赤城、内蒙古，西去张家口、怀来、宣化、大同，东到永宁、四海，南去昌平、北京等地区，可谓是四通八达，所以它是古代一条重要的交通要道和防卫前哨，素有“京北燕山山脉第一屏障”之称。

该区域位于京北塞外，为华北的黄土高原副区，属大陆季风气候，具有半湿润半干旱的暖温带气候特点，土壤以花岗岩母质上形成的褐土和棕壤为主。春季干旱多风沙，夏季炎热多雨，秋季天高气爽，冬季寒冷干燥，常年气温比市区低 2~5℃，最冷的 1 月份平均温度 –7.6℃，最低气温 –18.9℃，最热的 7 月份平均温度 22.3℃，最高气温 32.8℃。春季干旱，夏季多暴雨、冰雹，年均降水量 354.4 mm，全年无霜期 156 天。年均日照时数 2 813 小时。

1. 主要植被特征

该区共有植物种类约 539 种，其中天然植物 489 种，是北京地区森林类型较完整和典型的垂直地带性分布地区之一。20 世纪 50 年代起实施封山育林与人工造林，到目前已形成较好的恢复生态系统，森林覆盖率已达 60.7%。天然植被保存较好的有黑桦林、糠椴林、核桃楸林、白梨 + 山丁子林、暴马丁香林等。人工林有油松林、华北落叶松林、侧柏林、刺槐林、华山松林等。山地阳坡有大面积的山杏、绣线菊、荆条、黄栌、胡枝子等灌丛。

实习沿途可见道路两侧、山坡和沟谷地带分布的天然林树种，主要有暴马丁香、蒙古栎、辽东栎、鹅耳枥、大叶椴、小叶椴、白桦、棘皮桦、黄檗、大果榆、大叶白蜡、小叶白蜡、臭椿、元宝枫、五角枫、青杨、山杨、胡桃楸、桑树、蒙桑和栾树等。人工林现已大部分封闭成林，树种主要有油松、侧柏、华北落叶松、椴树、元宝枫、榆树、山杏、刺槐、黄栌等。已经完全初步改变了区的植被结构。据植物调查统计：蕨类植物有 8 科 18 种、裸子植物有 3 科 8 种、被子植物 83 科 513 种。

八达岭土石山区由于多年治理，森林覆盖率不断增加，然而，由于目前该地区森林存在着人工林面积较大，树种单一，中幼林、纯林比例较高，生物多样性较低。

2. 土地利用现状及存在问题

（1）山地多，平地少，土地利用的地域差异明显。山地丘陵与平原区在土地利用方向上存在较大差异。山地面积广大，平原丘陵区土层深厚，土地适宜性广。山区是重要的生态保护区和风景旅游区。

（2）土地利用程度较高，大部分属于山区丘陵区，宜耕后备资源相对不足。

（3）人均耕地趋于减少，人地矛盾日益突出。随着人口的增长、城镇化的快速推进、第三产业的发展及基础设施建设全面展开，人均耕地面积呈现继续减少的趋势，人地矛盾进一步凸显。

3.4.2　延庆 – 怀来盆地植被及土地利用

盆地地处冀西北、内长城外侧，境内的地质构造属燕山沉降带。地貌按成因可分为剥蚀构造地形、剥蚀堆积地形和冲积堆积地形。地势由中间“V”形分地分别向南北崛起，西北高而东南低，全县地貌形态主要有河川平原、丘陵和山地等类型。南北群山起伏，中间为“V”形盆地，习惯称“怀来盆地”见图 3–17。

图 3–17　延庆 – 怀来盆地遥感影像图（ 来源于百度地图 ）

河川平原主要分布在洋河、桑干河及官厅水库周围。由于官厅水库的自然分割，形成了西部河川平原和中部河川平原。西部河川位于洋河北岸，大部分由洋河冲积物堆积而成，地面较为平坦，小部分是由山前冲积物堆积而成，由北向南倾斜，坡度不等。丘陵主要分布在山地与河川平原过渡地带。按地域可称为南部丘陵和北部丘陵，按成因可分为黄土丘陵和低山石质丘陵。北部山地西部风化严重，虽然海拔较高，但山势较缓，有水口山和白龙潭两个主要林区。南部山地东部水蚀切割强烈，海拔虽低，但峰陡谷深。由官厅湖劈山而出的永定河水沿着深沟峡谷落向京郊，形成了幽州峡谷地带。

该区域属暖温带半干旱大陆性季风气候，四季分明，雨热同季，温差大，日照足。年均日照时数 3 027 小时，全年无霜期 149 天。据 1953 年以来监测数据显示，最高气温 42.2℃，最低气温 –23.3℃，平均气温 9.1℃，年均降水 396 mm，年均风速 2.3 m/s。

1. 主要植被特征

延庆 – 怀来盆地是处在我国北方农牧交错带上的典型区域，它是连接第一台地华北平原农业区与第二台地坝上高原及内蒙古草原的过渡地带。在植被类型上，怀来盆地地带性植被为森林草原植被类型，再往西过渡到半干旱草原植被及更西部的荒漠植被地带。由于人类活动的影响，该区原生植被所剩无几，尤其是在平原丘陵地带，取而代之的是人工植被和灌草丛。

植物区系为第三纪植物区的残余，有大量的西伯利亚区系存在，如山杨、榆、栎、柳等；有中亚东部和蒙古草原的植物成分，如锦鸡属、蒿属、黎科各属等；同时还具有热带植物亲缘的科属及外地引进的成分，如酸枣、沙枣等灌木和羊胡子草、锅帽草等植物。

据统计，目前有经济价值的植物共 96 科，312 属，509 种，以菌科和禾本科植物的种类最多。这些植物按用途分为木材类、果树类、环境保护类、绿化观赏类、水土保持类、食用类、中草药类、牧草类等，其中一些植物具有多种用途。

目前对生态环境和经济生活影响较大的有防护林、用材林和果林。防护林主要分布在大黄庄、鸡鸣驿和西八里 3 个乡镇沿洋河北岸的护岸林和农田林网，还有地处南马场的小南辛堡镇、东花园镇和瑞云观乡的防风固沙林，以及分布在桑园、瑞云观、孙庄子、官厅等乡镇的“三北防护林”。用材林主要分布在南北两山的丘陵地区。果林主要分布在南北两山、小南辛堡、东花园、北辛堡、狼山、东八里等乡镇。

全县的观赏树种比较繁多，有云杉、龙须柳、夹竹桃、丁香、石榴、月季、国槐等。为绿化环境，又引栽了龙爪槐、樟河柳、刺梅和豹海等新品种。

药材资源比较丰富，约 378 种，其中名贵药材有北柴胡、枸杞、玉竹、枣仁、杏仁、桃仁、杜仲、远志、黄芩等。

野生花卉主要分布在南北两山，有黄枣梅、野蔷薇、山刺玫、天目琼花、东陵八仙花、多花枸子、暴马丁香、耳里香、兰荆子、映山红、照山白、金露梅、野芍药等 36 种。

2. 土地利用及存在问题

该区域地貌类型有中山、低山、丘陵、谷地、平川地、滩地等，为发展农、林、牧、副、渔和多种经营提供了必要的条件，耕地、林地是土地利用的主要类型，其次是园地和水域，多类型砂质土壤对葡萄生长十分有利，葡萄园的建设和葡萄酒的加工生产已经初具规模。

耕地集中分布在河川地、盆地和缓坡丘陵，北部、南部中低山地带耕地少，呈零散分布。林地主要分布在北部、南部中低山一带。园地重点分布在官厅水库周围乡镇和南北山丘陵地区。另外，官厅湖因水域面积大适合淡水养殖，已成为全省重要的淡水养殖基地。

目前，延庆 – 怀来盆地的土地资源合理利用并未引起高度重视，乱占、浪费土地现象依然存在，致使土地资源利用出现了许多问题：一方面人均耕地锐减，耕地后备资源不足；另一方面土地质量严重下降，出现干旱、沙化、盐碱化和肥力下降等现象。因此，合理开发土地利用率，切实提高土地生产率，扩大绿色植被覆盖率，搞好生态农业，最大限度地发挥土地资源效能，是一项长期而艰巨的任务。

3.5　河北阳原盆地第四系沉积物及地学特征

3.5.1　泥河湾概述

泥河湾是河北省阳原县东部的一个小村庄，位于桑干河上游的阳原盆地。距今约 200 万年前，远古的人类就活动在这片土地上。

阳原盆地是一个新生代断陷盆地。其发展模式如图 3–18 所示。受不对称构造倾斜运动影响，南山上升幅度大，盆地南部堆积厚；反之，北山上升幅度小，盆地北部堆积厚度小，因此形成一个北浅南深的萁状断陷盆地。

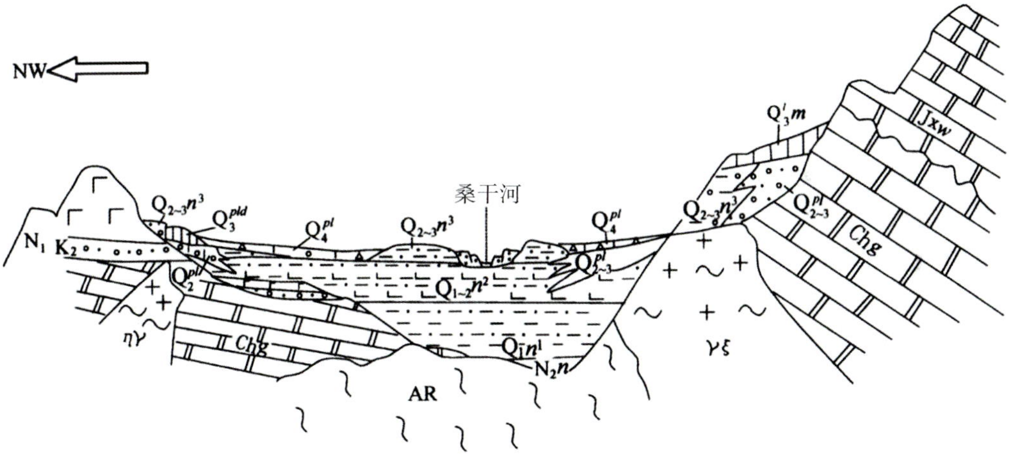

图 3–18　河北阳原盆地构造模式（引自闽隆瑞等，2003）

泥河湾地层以其分布广、连续好、持续时间长、化石丰富、研究程度高而成为中国第四系划分对比的标准地层。泥河湾地层沉积较为连续地记录了我国北方第四纪气候环境演化历史和古人类活动的信息。其研究价值可与世界公认的人类起源地——东非的奥杜维峡谷相媲美，素被国内外地质和古生物工作者所公认，成为中国以至其他大陆进行地层对比的标准剖面。

泥河湾盆地，东西长约 60 km，南北宽约 10 km。第四纪早期，大同 – 阳原 – 蔚县地区是一个较大的湖泊，湖泊的周围，是古生动物的世界。大约 10 万年前后，湖水干枯，湖底裸露，由于河流的侵蚀作用，干枯的“古湖平原”变成了丘陵、台地、盆地，泥河湾盆地就是其中之一，这里形成了剖面出露完好的河湖相沉积盆地。那时，盆地周围的山地森林密布，气候温暖潮湿，野生动物密集，同时也是远古人类理想的生活场所。早在20世纪二三十年代，中外科学家就在这一带发现了许多双壳蚌化石和哺乳动物化石，新中国成立后，我国地质及古生物工作者到这里多次进行考察，发现了数以百计的、种类繁多的动物化石，近年来又发现了许多旧石器时代文化遗址，在时代上，从100多万年到1万年旧石器时代早、中、晚期每个阶段的遗址都有，且内容十分丰富。其中百万年以上遗址就有18处，这在世界上是独一无二的。考察发现证明，泥河湾遗址是寻找早期人类化石的一处重要地区。我国考古工作者把泥河湾遗址称为“旧石器考古的圣地”。

3.5.2 泥河湾沉积物与景观

1924年，Barbour、Teihard 和 Piveteau 等发现并研究了阳原盆地泥河湾村附近河湖相地层中产出的大量哺乳动物化石，他们称该化石动物群为泥河湾动物群，把盆地中处于三趾马红土之上、黄土层之下的一套河湖相沉积物称为“泥河湾层”，盆地也以泥河湾盆地称之。

在我国北方，下更新统（Q_1）极为发育，分布广泛，广阔的平原、山间盆地还是山麓地带，都有下更新统的河湖相沉积和土类堆积分布。我国第四纪早期的标准地层是泥河湾组地层。泥河湾组的典型地区位于河北省与山西省交界的桑干河谷地中，以河北阳原县的泥河湾村命名。泥河湾组是以湖相沉积为主的地层，并且在其底部有河流相沉积。泥河湾组的岩性特征是：以灰绿色、灰蓝色、灰白色的黏土、砂质黏土和泥灰岩层为代表，有些地方在其上部具有浅红、浅黄、灰黑色等杂色砂与砂质黏土层，个别地方还发育有沼泽相的泥炭层；泥河湾组的颗粒组成以细粒的黏土、砂质黏土和泥灰岩为其特征，分选性好，只有在其底部出现有砂砾石层。泥河湾组具有完整的大型水平层理，含有丰富的淡水软体动物化石和鱼化石，并含有丰富的哺乳动物化石。以上特征都表明泥河湾组是典型的淡水湖泊沉积。这一套沉积集中分布在山西、陕西、河北等省的大型山间盆地和谷地之中，如桑干河谷地中的大同、蔚县（图3–19）、阳原（图3–20）、涿鹿、怀来、宣化等地；汾河谷地、渭河谷地、黄河中游三门峡等地区都有分布。

在泥河湾地层沉积时间长、堆积连续、蕴含着丰富的可供提取的环境、气候变化信息。学者夏正楷定义了水下黄土，认为冰期时气候干冷，大量黄土状粉尘降落在湖泊中，间冰期时粉尘较少，表现在粒度组成上，冰期时沉积物较粗。泥河湾组剖面的上部至少可以辨认出17层这种水下黄土，与其间的细粒沉积物组成水下黄土—湖相沉积旋回，得出泥河湾层中至少记录了17次气候干冷—温湿变化的过程。

阳原盆地是一个新生代断陷盆地，其与山西大同盆地、河北蔚县盆地是连在一起的。该盆地的形成是第三纪以来开始有断层作用所致。盆地底部位于太古宙、元古宙、白垩纪、第三纪、中新世基岩上。受不对称构造倾斜运动的影响，南山上升幅度大，盆地南部堆积厚；而北山上升幅度小，其堆积厚度小，因而形成一个北浅南深的箕状断陷盆地。盆地内发育了著名的泥河湾古湖，湖泊持续时间较长，从第三纪晚期一直到第四纪早期才消失。

图 3–19　河北省张家口蔚县陈家洼煤层之上的灰绿色湖相地层（王数 摄）

图 3–20　山西省阳原盆地郝家台的灰白色湖相沉积（李保国 摄）

曾经的泥河湾古湖消失了，后来由于构造运动，在山前发育有较高的湖积台地，台地毗邻着洪积扇体，扇体覆盖或与泥河湾湖相沉积交替出现。盆地中发育新一级湖积台地，台地之间穿越着桑干河，堆积了桑干河河流相冲积物，从而形成了现在的景观（图 3–21）。

图 3–21　郝家台台地上远眺（桑干河位于照片右下部桥孔处）（黄峰 摄）

3.5.3　阳原县虎头梁第四系地层地质剖面

阳原县虎头梁第四系地层自上而下划分为 26 层（图 3–22），其景观环境见图 3–23，分别描述如下：

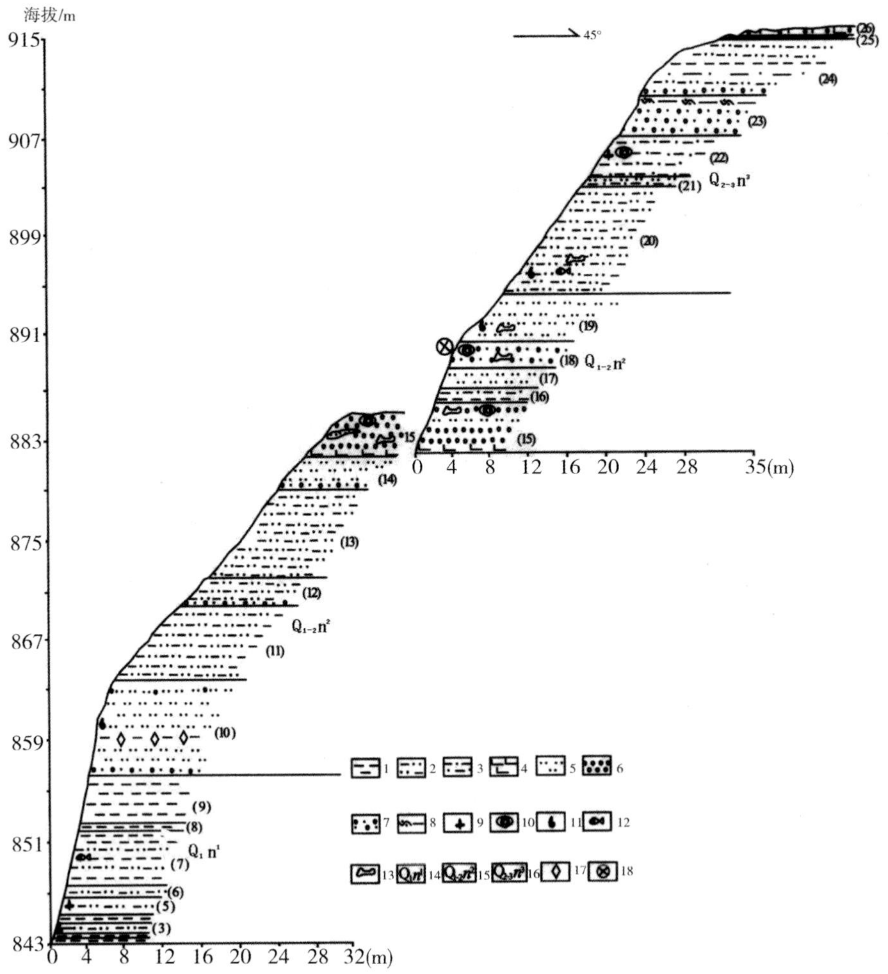

图 3-22　河北省阳原县虎头梁第四系泥河湾组实测地质剖面（引自闵隆瑞等，2003）

1- 黏土；2- 黏土质粉砂；3- 粉砂质黏土；4- 钙板层；5- 粉细砂层；6- 砾石层；
7- 砂砾石层；8- 古土壤层；9- 植物化石；10- 藻类化石；11- 软体动物化石；
12- 鱼化石；13- 哺乳动物化石；14- 泥河湾组Ⅰ段；15- 泥河湾组Ⅱ段；
16- 泥河湾组Ⅲ段；17- 石膏；18- 古人类化石

中 - 上更新统泥河湾Ⅲ段（$Q_{2-3}n^3$）（未见顶）

26. 灰白色钙质胶结砾石层。砾石层向西各向北方向明显增厚，其厚度可达 3~5 m，并见有大型板状交错层理。据 228 个砾石统计，砾石成分 95% 以上为白云岩，磨圆度次棱角 - 次圆状，砾径直方图显示分选性一般，扁圆度较好。据 110 个砾石产状统计，砾石倾向 NW320° ~355° 、倾角 15° ~30° 居多。可能为 NW 向河流入湖处三角洲相的沉积（厚 0.1~0.3 m）。另外，梁西雀儿沟此层内有较好的融冻褶皱现象，其中钙核年龄为（27 676 ± 745）年（^{14}C，周廷儒，1982）

25. 黄色黏土质粉砂，夹红棕色古土壤层。古土壤层年龄值：（72.21 ± 6.14）千年（厚 0.36 m）

24. 黄色黏土质粉砂夹灰绿色粉砂质黏土，底部局部见薄层砾石层（厚 4.5m）

23. 灰色砂砾层，砾石成分以白云岩为主，顶部发育红棕色古土壤层，古土壤层年龄值：91.6 ± 6.3 千年 B.P.（厚 3.18 m）

22. 灰绿色粉砂质黏土，具有平层理，含植物化石：榆、苜蓿以及蔷薇科小叶片，另含纤细席藻、鞘丝藻等蓝藻活动组成的叠层石，其年龄值：$9.42^{+2.1}_{-2.8}$ 万年（不平衡铀系法，夏正楷，1993）（厚 3.32 m）

21. 灰黄绿色中细砂夹黄绿色黏土薄层，具水平层理（厚 0.64 m）

20. 灰绿色黏土质粉砂，夹灰黄色粉砂层，具水平层理。在剖面东北方向同一层位内含丰富的螺化石、介形虫化石和多刺鱼，另含脊椎动物化石：披毛犀等（厚 8.56 m）

下—中更新统泥河湾组 II 段（$Q_{1-2}n^2$）

19. 深黄色中细砂，具交错层理和水平层理，含螺化石：康氏中国蜗牛、隔扁螺、雅致土蜗、小旋螺等。在剖面西部同一层位内含脊椎动物化石：原始牛、鹿及啮齿类化石：鼹鼠等。（厚 3.82 m）

18. 灰黄色砂砾层，砾石以白云岩为主，顶部含纤细席藻、鞘丝藻等蓝藻活动组成的叠层石，其年龄值：$13.2^{+3.8}_{-2.9}$ 万年（不平衡铀系法，夏正楷，1993）。在剖面西部相当于此砂砾层地表找到智人与下伏地层呈侵蚀接触（厚 2.03 m）

17. 黄色、绿色相间的粉砂层，具水平层理（厚 1.41 m）

16. 下部灰白色黏土；上部灰绿色粉砂质黏土（厚 1.41 m）

15. 灰色砂砾层，夹中细砂透镜体。具大型板状交错层理，顶、底部均有钙板层。含脊椎动物化石：羚羊，另含裂须藻属、伪枝藻属等。据 273 个砾石统计，砾石成分 95% 为白云岩，磨圆度次圆—圆，砾径直方图显示分选较好，扁圆度较好，又据 110 个砾石产状统计，砾石主要倾向 NE30°~60° ，倾角 15°~30° ，推测为 NE 向河流入湖处的三角洲相沉积物（厚 4.24 m）

14. 灰黄色粉砂，底部为粗砂细砾层（厚 2.68 m）

13. 黄色泥质粉砂（厚 6.77 m）

12. 灰色泥质粉砂，底部为砂砾层（厚 2.28 m）

11. 黄色泥质粉砂（厚 6.03 m）

10. 黄色粉砂，中部夹灰绿色粉砂质黏土。具纹层层理，含螺化石、大的双壳类壳和石膏薄层，底部为黄色含砾砂层和灰色黏土小块（厚 7.52 m）

下更新统泥河湾组 I 段（Q_1n^1）

9. 灰色黏土夹石膏薄层，具水平层理（厚 3.66 m）

8．灰色黏土，致密块状（厚 0.47 m）

7．灰白、灰色黏土夹两层粉砂质黏土。具波纹层理，底部含多刺鱼（厚 4.32 m）

6．青灰色粉砂质黏土与黄色粉砂质黏土互层。具水平层理和波纹层理（厚 0.94 m）

5．灰色粉砂质黏土，含阔叶植物化石（厚 1.6 m）

4．绿灰色黏土（厚 0.47 m）

3. 黄色黏土质粉砂。含软体动物化石类双腹螺（厚 0.85 m）

2．深灰色黏土，偶见扁圆小砾石（厚 0.28 m）

1．淡紫褐色黏土（厚 0.47 m）

图 3–23　河北阳原县虎头梁第四系地层景观环境（李保国 摄）

3.5.4　桑干河河流地貌与土地利用

桑干河为永定河的上游，是海河的重要支流，其上源为山西省的源子河与恢河，两河于山西省朔州附近汇合后称桑干河，在河北省怀来县朱官屯汇洋河后入官厅水库。桑干河长 506 km，流域面积 2.39 万 km^2，主要支流有壶流河、御河、浑河。干流建有册田水库。

在河北省阳原县虎头梁村附近的桑干河一带，如今即使在 7、8 月份，其河水位也较低，流量也较小（图 3–24），河床中只有些许水流，接受旁边主要源自地下水小溪的补给。在这里的桑干河谷底，能见到河漫滩、江心洲及河流阶地等河流地貌。其中有 4 级河流阶地：一级阶地为堆积阶地，高出河面 5~8m，主要由砾石层组成，砾石的分选性、磨圆度中等，此外还有较薄的砂质黄土层；二级阶地为基座阶地，高出河水面 20~30 m，主要由砂质黄土组成，并夹砂砾透镜体；三级阶地为侵蚀阶地，高出河水面 50~60 m，由泥河湾湖相层组成；四级阶地也为侵蚀阶地，在虎头梁村所在地，高出河水面 77~82 m，也由泥河湾湖相沉积物组成。这里可以清楚地看见灰白色、灰绿色的黏土及砂质黏土湖相沉积物。

图 3–24　河北阳原县虎头梁村附近桑干河谷底（李保国 摄）

虎头梁村附近的桑干河一带，主要表现为农业土地利用方式。在河漫滩种植有向日葵、玉米等作物，距水源较近的一级阶地上也种植有玉米、土豆等。而由于侵蚀阶地位置较高，易遭受侵蚀作用，且距离水源也更远，所以没有种植农作物，而是人工栽培了大量防风固沙的小叶锦鸡儿，起到防治水土流失的作用。

此外，在这里的四级阶地处还发现了冻融褶曲现象。据资料得知，在晚更新世距今 2 万多年前的时期，华北的气候干旱而寒冷，地面植被极少，机械风化作用强烈，在华北这一寒冷期被称为大同冰缘期。冻融褶曲的形成是因为活动层冻结时均由上层开始，上层土的冻结膨胀，就会对下面未冻结的含水土层施加压力，使未冻结层在刚性的永冻层上面发生塑性流动而产生揉皱变形，即形成冻融褶曲。这种现象在大同杜庄也存在。

3.5.5　河北阳原盆地的洪积扇群及土地利用

在河北阳原盆地的沟口部位，由于地形坡度的下降，水流速度降低，使得洪积物在众多沟口沉积形成大量的洪积扇群（图 3–25）。在这些洪积扇群中，可以清楚地辨别出洪积扇的相带，即洪积扇的扇顶相、扇中相和扇缘相。其中扇顶相主要由砾石、卵石、岩屑等粗大物质组成，其间夹有细粒的沉积物，分选性很差。在地貌上形成明显突出于整个洪积扇之上的扇顶锥。由于此带岩性粗大，透水性好，地形坡度大，地势高，潜水埋深大，地下径流强烈，所以又称为潜水深埋带；扇中相的细颗粒逐渐增多，由卵砾石过渡为砂砾石或砂为主，并有黏土夹层出现。此带分选性较扇顶相好，由于此带颗粒变细，透水性变差，径流受阻，往往形成壅水，潜水接近地表，因而这一带又叫潜水溢出带（图 3–26）；扇缘相包括洪积扇边缘地带及前方带。此带颗粒更细，大多为各种粒径的砂与粘性土的互层。在河北阳原盆地分布的洪积扇，从扇缘向下，由于受到桑干河对潜水的排泄，所以潜水埋深又增大，此带又称为潜水下沉带。我们从虎头梁下到桑干河谷底时，能清楚地发现一小溪受地下水的补给，其流至桑干河中。

正是由于地貌因素的控制，使得土地利用也相应地受到影响。在扇顶相，地下水位埋深大，主要是林地利用方式，而在潜水溢出带附近因地下水位埋深小，因而人们集居在此附近，同时，潜水溢出带附近还种植了一片玉米等作物，也与水源有关。

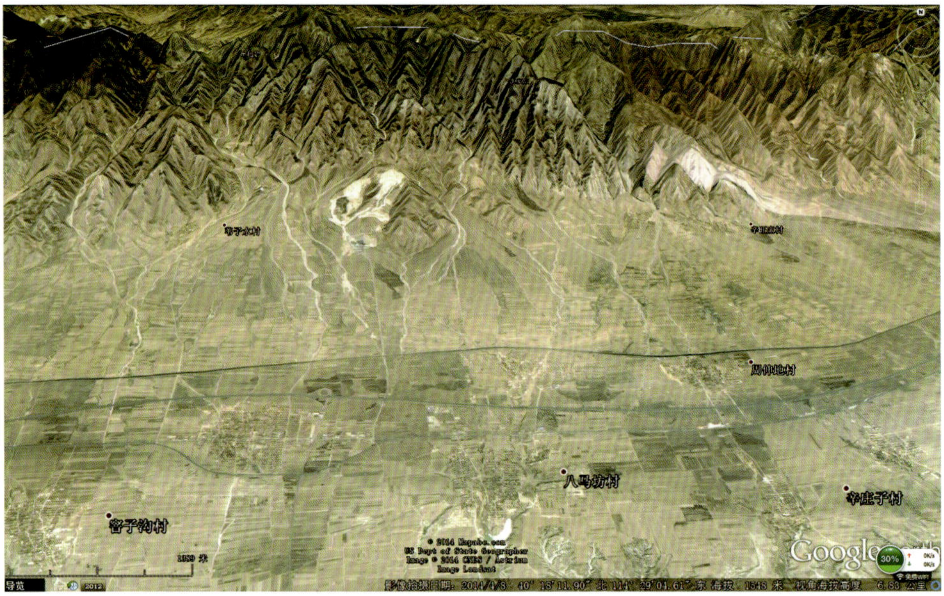

图 3–25 河北阳原盆地洪积扇群（据 Googel earth 制作）

图 3–26 河北阳原盆地虎头梁山前洪积扇潜水溢出带（李保国 摄）

3.6　山西大同火山地貌

3.6.1　大同自然地理概况

大同盆地位于山西省北部，东经 112° 15′ ~114° 15′，北纬 39° 00′ ~40° 30′，其范围包括山西省大同市及雁北地区的阳高县、天镇县、大同县、浑源县、怀仁县、应县、山阴县和朔县的一部分。

大同盆地是山西地堑系中最北端的断陷盆地（图 3–27），其南、西、北三面环山，北面为北东走向的采凉山和北东走向的阳高天镇北山，西面是北北东走向的口泉山、洪涛山和管涔山，南面是恒山及其余脉六棱山。山地与盆地之间以断层相隔。盆地东面敞开，与河北省的阳原盆地相连。桑干河发源于盆地西南侧的管涔山，由西向东贯穿整个大同盆地。

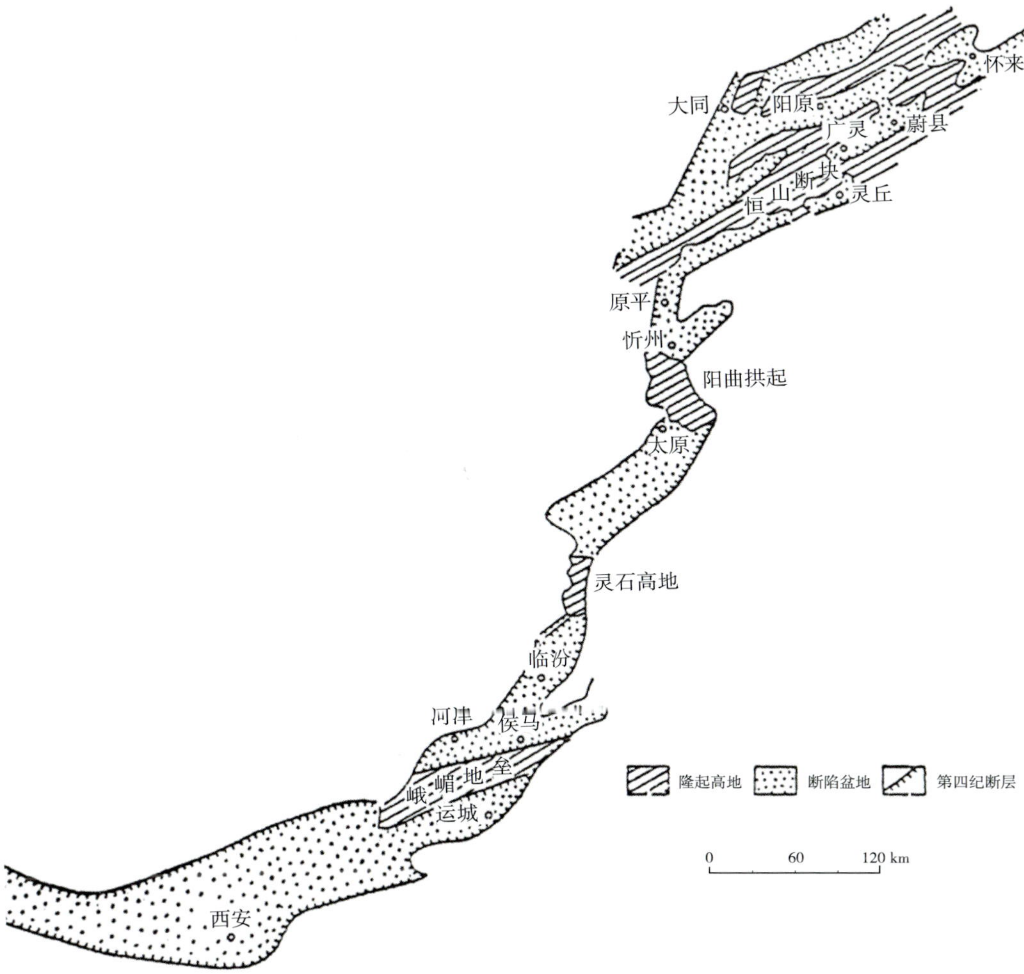

图 3–27　山西断陷盆地及断块山分布图（引自杨景春等，2005）

大同盆地为新生代断陷盆地。在新生代，华北地区发生大面积断层活动，形成由正断层围限的断陷盆地，盆地中堆积了厚逾千米的新生代沉积物。物探资料显示，盆地内的新生界地层最大厚度可达 3 500 m。

大同属半干旱季风气候区，冬季受蒙古高压控制，气候寒冷干燥，1 月份平均温度 −10℃ 左右，夏季受海洋气团影响，气候温暖湿润，年降水 400 mm 左右，多集中在七八月份。

大同市土壤属于褐土向栗钙土过渡带，有褐土、栗褐土和栗钙土地带性土壤分布。全市土壤类型众多，恒山以北大部分地区降水较少，气候干旱，发育了栗钙土，广泛分布于恒山以北、二级阶地以上、丘陵和低山区，是本市分布最广的地带性土壤，桑干河以北，洪涛山以东的大同盆地区域发育栗钙土，栗钙土表层有机质积累明显，其有机质含量为 1.5%~2%，30 cm 深度可见明显的碳酸钙淀积层。山地草甸土地带性土壤分布在六棱山、恒山、太白山、采凉山等海拔 2 000 m 以上山顶平台缓坡处。

地带性土壤区域内，由于局部地区水热、地质条件的变化，导致土壤类型上的差异，形成了非地带性的隐域性土壤，主要有潮土、盐土、石质土、粗骨土、红黏土、风沙土 6 类。

3.6.2 大同火山群观察

1. 火山知识

火山是一个由固体碎屑、熔岩流或穹状喷出物围绕着其喷出口堆积而成的隆起的丘或山。火山喷出口是一条由地球上地幔或岩石圈到地表的管道。大部分物质堆积在火山口附近，有些被大气携带到高处而扩散到几百或几千公里外的地方。火山活动是常见的地质现象。现代火山喷发，一方面，或造福于人类，为人类提供沃土、矿产、建材、能源和其他资源；另一方面，又常给人类带来灾难和痛苦。火山喷发物，如火山灰、熔岩流、火山碎屑流以及与火山喷发相伴生的火山泥石流、地震、海啸等均可造成巨大的灾害，甚至带来长期的灾害后果，引起全球的气候变化，导致大区域性的灾荒。据统计，每年全球有 50~65 座火山喷发，对人类的生活构成了严重威胁。

（1）世界活火山的分布　地球上已知活火山共约 516 座，它们集中在以下四个地带：①球太平洋火山带，从南北美洲、阿拉斯加、阿留申群岛，经堪察加半岛、日本群岛、菲律宾群岛直至新西兰。有约占地球 60% 的火山；②红海沿岸和东非带；③地中海—印度尼西亚火山带。这一带喷发的岩浆从基性到酸性均有，性质多变；④海底火山带。有的火山在水下喷发，有的已露出水面，成为火山岛屿。

（2）中国火山分布　主要有黑龙江五大连池火山、黑龙江镜泊湖火山、吉林长白山天池火山、吉林龙岗火山、云南腾冲火山、海南琼火山、大同火山。它们大部分分布在板块的边缘，一方面受太平洋板块向西俯冲的影响，形成我国东部大量火山；另一方面印度板块碰撞的影响，形成了青藏高原及周边地区的火山分布。我国火山喷发历史记载有多处，如五大连池、长白山等在过去 300 年内都有过喷发。我国还有一些火山已被证实在全新世有过喷发，这些都是活火山，现在处于休眠状态。在中国历史上这些活火山的喷发基本上没有造成人员伤亡和财产损失，因为这些火山都在人迹罕见之处。然而，在今天其中很多地区已成为人口稠密的都市或旅游胜地，因此做好火山的预测、预报工作责任重大。

（3）火山喷发的条件 一个地方能否形成火山主要看是否具备以下条件：①必须有较高的地热；②岩浆在地壳中的富集；③岩浆囊中的物体相互作用；④岩浆囊的存在对岩浆通道的形成有促进作用，而构造活动产生的引张力场是形成岩浆通道的主要原因；⑤岩浆离开岩浆囊后的上升受到压力梯度与浮力的双重驱动。一旦具备上述条件，一座新火山的诞生便指日可待。火山喷出地面之前，大约得经过岩浆形成与初始上升、岩浆囊、岩浆囊到地表3个阶段。

（4）火山的利用与危害 火山活动搅动了地下炽热的岩浆，冲出地面形成火山岩，这些火山岩浆里饱含种种矿液，经过一系列复杂的物理化学作用后，凝结富集成多种金属矿产，像南京的梅山铁矿，浙江的明矾石、膨润土矿，中国的四大章石都是火山的功劳。火山是天然的化肥厂，它含有农作物所需的大量养分。意大利人在蜚声中外的维苏维火山下办起了几家大型化工厂，利用火山喷发气体造硼酸、氨水和硫酸化合物。火山的热能更是电场追逐的明星，常年被冰雪笼罩的冰岛，1/5的家庭用电来自于火山。火山爆发喷出的大量火山灰和暴雨结合形成泥石流能冲毁道路、桥梁、淹没附近的乡村和城市，使得许多人无家可归；火山灰被喷到高空中去，影响气候；也会随风散布到很远的地方，遮住阳光，导致气温下降。也会滤掉某些波长的光线，使太阳、月亮逍着奇异的色彩，形成奇特的自然景观。

全球火山每年都有50多次喷发，岛弧与大陆的火山喷发造成了主要火山灾害。火山喷发及产生的爆炸、火山灰和有毒气体、熔岩流及各火山碎屑流等不但给人类的生命财产带来严重危险，而且对人类的生存环境产生极大的影响。如1781年冰岛拉基火山喷发，其产生的有毒气候和饥荒使冰岛人口减少1/5；1815年印尼坦博拉火山喷发导致92 000人死亡；1985年哥伦比亚鲁伊斯火山一次中等规模的喷发也造成了23 000人死亡。有人认为大同火山是死火山，也有人认为是休眠火山，但是这两种类型的火山之间没有严格的界限。休眠火山可以复苏，死火山也可以“复活”，相互间并非是一成不变的。过去一直认为意大利的维苏妻火山是一个死火山，人们在火山脚下建筑起许多的城镇，在火山城上开辟了葡萄园，但是公元79年维苏威火山突然爆发，高温的火山喷发物袭击了毫无防备的庞贝和赫拉古农姆两座古城，两座城市居民全部丧生。非洲喀麦隆的尼俄斯湖形成于500年前的一次火山喷发，1986年8月21日二氧化碳气体喷发使1 700人及其家畜死于非命。美国加州的长谷火山最近一次喷发在600年前，1995年伴随地震活动，Mammoth山下的土壤中CO_2和He集中造成大片松树死亡，并逐渐扩展到相邻的赤溪地区。2010年4月，冰岛的埃亚菲亚德拉火山喷发，其大量的火山灰影响空中能见度，导致欧洲大量航班取消。因此，必须提高火山爆发的预测能力，以前车之鉴，防患于未然，使火山得到充分利用。在火山灾害预测方面，日本、美国、意大利、印度尼西亚、菲律宾、新西兰、俄罗斯等一些多火山的国家对火山预测有许多成功的经验。例如，1980年美国圣海伦斯、1986年日本伊豆大岛、1991 年菲律宾皮纳图博火山喷发预测的成功实现，为我们预防火山的爆发提供了宝贵的经验。

2. 大同火山群

（1）概况　山西省雁北地区有较大面积的火山群，分布于大同、阳高、浑源、朔县、应县、山阴等县，面积约 300 km^2。整个火山群的西部火山群位于大同县境内，故此简称大同火山群。大同火山群火山基底的地层中以马兰期黄土分布最广，几乎遍布本区各地。第四系三门组及太古界古老桑干片麻岩在地表几乎没有出露，仅出露于某些切割较深的冲沟中。

大同火山是杨中健先生于 1929 年最先发现报导的。大同火山是我国第四纪火山群之一，目前已知的有 30 多座，分布于大同盆地的东部，可以划分为东、西、南、北 4 个区。它们在地形上都清楚地表现为古孤山（图 3–28）。大同火山群所占的面积约为 50 km^2。火山锥的规模都比较小，其中最大的直径也才有 1 000 m 左右，高差为 120 m。

图 3–28　大同火山锥远观（李保国 摄）

从地貌上清楚可见的火山有：黑山、狼窝山、阉老山、小牛、头山、双山、小山、老虎山、牌楼山、东坪山、磨儿山、昊天寺山等。另外还有大量的在地形上隐隐约约地表现为一些小丘、发育不好的火山。

（2）大同火山群的形成　大约在二三百万年前，大同一带是浩瀚的湖水，考古工作者把这个湖叫“大同湖”，其为封闭的内陆湖。那时，气候温暖、雨量充沛，参天乔木遍布湖畔；野马、披犀、大角鹿在这里追逐奔驰；多刺鱼、鲤鱼在湖中自由嬉戏。但随着时间的推移，在一些不寻常的地质背景下，山西的湖底构成岩石圈的庞大板块的边界处，发生了板块间的相聚，其中一个俯冲到另一个下面，俯冲下去的板块，一方面因挤压造成局部压力增加；另一方面其自身也融为岩浆。这里，上面反挤压的板块出现裂口，压力极大的岩浆会从这些地方喷出来，形成火山。随着湖底火山的反复喷发，火山口堆积的喷发物越来越多，逐渐露出水面，凝固成许多小丘。大约 6 万年前，才形成了今天的大同火山群。

（3）大同火山群的形态及矿物特征　火山群以火山锥为主，火山锥的形状有锥形、马蹄形、盾形等。根据火山外部形态特征分为 4 类：①穹窿形，由玄武岩组成，没有火山口，如昊天寺、孤山和峨毛疙瘩等。②壳状，由玄武岩组成，如肖家窑头火山和大辛庄火山等。③半圆形，系火山喷发沿山前裂隙喷出，依山坡流动而成。④马蹄形，由玄武岩流、火山碎屑互层组成，如东坪山、金山等。上述除马蹄形火山已被冲沟切穿外，其余的仅在锥体四周有窄浅的沟谷，说明火山地貌还处于侵蚀初期。由火山喷发物与上覆下伏地层关系不难判断，大同火山群是在上新世末、晚更新世马兰黄土堆积之初多次活动的产物，最早活动是北区、东区，南区次之，西区更新。大同火山群的火山岩主要以紫红色、灰紫色及黑色火山集块岩、火山角砾岩、火山熔渣和火山砾为主，夹气孔状、致密块状熔岩，以碱性玄武岩为主。火山分布区的东南部则多灰色、灰黑色气孔状及致密块状熔岩，以拉斑玄武岩为主。大同火山群玄武岩的活动与它本身的构造密切相关，它本身就与第四纪时期地堑型盆地的裂陷作用有关，因此，专家将大同火山划归东北—华北裂谷系为第四纪玄武岩类型。

（4）大同火山群的利用价值　虽然大同火山群的形态比较完整，但多年来，人为破坏因素成为“火山第一杀手”，因为火山熔岩是一种轻体建筑材料，火山灰、火山渣可以吸水是修路的好材料。于是，当地很多人以挖掘其上的矿物营生。几十年来，山体表面出现很多大坑。火山群地质系统非常脆弱，极易遭受破坏，而且一旦破坏，就不可能恢复。如何合理、长久的利用保护火山迫在眉睫。昊天寺火山口曾填满沉积物，在上面现在还有一丝点缀，便是明朝时候初建并命名为昊天寺，于是起名为“昊天山”。站在黑山山顶俯瞰，能看见一大片几乎都是正圆形的坑洞，极富诗意。这些地方不仅是旅游、休闲的好地方，同时也具有宝贵的研究价值。

（5）大同火山群

① 黑山火山：黑山是大同火山群中规模最大的火山，位于火山区北缘。黑山上有个浅火山口，其缺口在西北方。火山口垣高低不一，相对高差 5~25 m。分成 3 个显然独立拉长的顶峰，其中以东峰为最高。东峰上耸立着一个大古老的烽火台，从老远的地方就可看到由于火山口垣高低不一，自山顶观望火山口并不清楚，火山口覆盖着黄土和土壤，为荒废的耕地所占。

黑山的山坡，北坡比较平缓，多为黄土覆盖；东坡、南坡、西坡逐渐地过渡为周围平原地区，因此，山的边界及其直径相当难定，大约 1.5 km，接近于山脚准确的直径。山顶与山脚的相对高差为 125 m。

② 狼窝山火山：狼窝山是大同火山群中较大的火山之一，位于火山区的北部。在黑山和金山之间偏南。狼窝山的外形极为特殊，并因观测地点不同而形状各异。自西北望狼窝山是一个宽缓的截头圆锥状，带有清楚的在西北上破裂的火山口，自南方或东南方望，狼窝山呈不对称的梯形，其上边向东逐渐升高。狼窝山和附近的盘山与黑山的地形一样，都是不对称的，山坡比较峻陡。

狼窝山山脚沿东西方向略微长一些，长轴约为 909 m，山的相对高差约为 120 m。东部最高的地方达 130 m。火山口明显且巨大，直径约 500 m，深约 30 m，在东部深达 40~50 m。火山口垣高低不一，东部最高，其次是北部，南部和西部略低些。火山口破裂于西北部，方位角 N325° W；其外形是向各方很快散开的锥。寄生火山底部直径约 30 m，高 6~7 m，由带微微崎岖不平表面的多孔橄榄玄武熔岩构成。

③ 金山火山：金山是大同火山群里规模最大者之一，位于火山区西北。金山火山锥的外观特征随观察者位置不同而有显著变化，在平面图上呈马蹄形，向北开口。自北望金山，火山锥顶东高西低，山脚宽约 300 m，相对高差约 30 m（从北方目测）。

金山的火山口保存得相当完好。但是，像大同火山群所有的火山一样，火山口垣在北部有缺口，这便使火山锥在平面上呈马蹄形。在北部火山口垣破裂处开始有不深的侵蚀沟，这条沟向东转，并变为冲沟，向东南方向延伸去，离开狼窝山和牌楼山不远。金山南坡东坡有羊尾沟，北坡杂草蔓生，无羊尾沟。

组成火山群的火山岩岩性属于基性岩浆喷发。喷发时间，从观察肖家头圪塔东侧冲沟内三门组地层中所夹三层火山碎屑物和金山西大冲内马兰黄土中夹有的火山熔岩，由此二剖面分析推测，火山喷发始于第四纪早更新世三门期之中，而终于晚更新世马兰期黄土沉积之时。

3.6.3 大同火山观察

大同火山群为第四纪火山，火山锥由玄武岩组成（图 3–29）。火山喷发的玄武岩覆盖在较老的黄土层上，黄土形成年代为第四纪晚更新世，火山喷发则在离石黄土（Q_1）形成之后，马兰黄土（Q_3）形成之前。火山口分布着火山灰、火山渣、火山弹、气孔状玄武岩、致密块状玄武岩。火山锥底部堆积的黄土所发育的土壤剖面中 $CaCO_3$ 积聚明显，上部有明显的黏化现象和 $CaCO_3$ 结核（图 3–30）。观察内容包括：

图 3–29 大同火山锥下面玄武岩开挖剖面

图 3–30 大同火山锥底部土壤剖面

（1） 观察火山地貌　火山口、火山锥的形态特征。

（2） 观察火山堆积物的特征　火山灰、火山弹、玄武岩特征。

（3）观察火山灰以及黄土母质上发育的土壤剖面、植被状况 。

3.7　山西大同内陆盐碱地及利用

3.7.1　盐渍化过程

盐碱土是在一定的自然条件下形成的，其形成的实质主要是各种易溶性盐类在地面作水平方向与垂直方向的重新分配，使盐分在集盐地区的土壤表层逐渐积聚。影响盐碱土形成的主要因素如下：

（1）气候条件　我国东北、西北、华北的干旱、半干旱地区，降水量小，蒸发量大，溶解在水中的盐分容易在土壤表层积聚。夏季雨水多而集中，大量可溶性盐随水渗到下层或流走，这就是“脱盐”季节；春季地表水分蒸发强烈，地下水中的盐分随毛管水上升而聚集在土壤表层，这是主要的“返盐”季节。东北、华北半干旱地区的盐碱土有明显的“脱盐”“返盐”季节；西北地区，由于降水量很少，土壤盐分的季节性变化不明显。

（2）地理条件　地形部位高低对盐碱土的形成影响很大，直接影响地表水和地下水的运动，也就与盐分的移动和积聚有密切关系。从大地形看，水溶性盐随水从高处向低处移动，在低洼地带积聚。盐碱土主要分布在内陆盆地、山间洼地和平坦排水不畅的平原区，如松辽平原。从小地形（局部范围内）来看，土壤积盐情况与大地形正相反，盐分往往积聚在局部的小凸处。

（3）土壤质地和地下水　质地粗细影响土壤毛管水运动的速度与上升高度。一般来说，壤质土毛管水上升速度较快，上升高度也较高，砂土和黏土积盐均慢些。地下水影响土壤盐碱的关键问题是地下水位的高低及地下水矿化度的大小，地下水位高、矿化度大，容易积盐。

（4）河流和海水　河流及渠道两旁的土地，因河水侧渗而使地下水位抬高，促使积盐。沿海地区因海水浸渍，可形成滨海盐碱土。

土壤残余积盐过程是指在地质历史时期，土壤曾进行过强烈的积盐作用，形成各种盐渍土，而后由于地壳上升或侵蚀基准面下切等原因，改变了原有的导致土壤积盐的水文和水文地质条件，地下水位大幅度下降，不再参与现代成土过程，土壤积盐基本停止；同时由于气候干旱，降水稀少，以致过去积累的盐分仍大量残留于土壤中。

3.7.2　大同盆地杜庄盐碱地利用

杜庄盐碱地位于大同县杜庄乡石板沟村，地处桑干河畔大同盆地的边缘，其为温带大陆性季风气候，年平均温度 6.0~7.0℃，无霜期 125 天，年平均降雨量 391.5 mm，干旱缺水，全年日照时数 2 973 小时，最热月气温 32.7~36.1℃，最冷月气温 −25.1~−30.3℃。土壤为盐碱土，因地势低洼而成，地上可见到白色的盐斑（图 3−31a、b），属于内陆盐碱地。植被有芦苇、狗尾草和地衣等水生植被和沼泽植被，蒿类等草原植被（图 3−32），还见有羊草、野韭及大量碱蓬。由于土壤明显的盐碱化，因而农作物生长受到影响，农作物主要为谷子、玉米、马铃薯等。谷子矮小，长势不好。

a. 大同杜庄盐斑景观

b. 大同杜庄盐碱地表盐斑

图 3–31　内陆盐碱地盐斑（李贵桐 摄）

图 3–32　大同内陆盐碱地景观（李贵桐 摄）

3.8　山西大同黄土地貌与土壤侵蚀地貌

黄土地貌发育在黄土地层（包括黄土状土）中。黄土是第四纪时期由风搬运形成的陆相淡黄色粉砂质土状堆积物。

黄土是一种黄色的、质地均匀的、松散的第四纪土状堆积物。它具有多孔隙、垂直节理发育、渗透性强、富含碳酸钙、含有古土壤层、易塌陷等特点。在流水作用、重力崩塌作用和风力吹蚀作用下，形成沟深、坡陡、沟壑纵横、地面支离破碎的黄土地貌景观。黄土疏松、土层深厚、矿物质丰富，对农业生产很有利。

山西大同属于黄土高原的一部分，黄土沟谷地貌和沟间地貌比较发育，这里除了典型的风成黄土外，在大同县杜庄乡的石板沟村，还能见到风成黄土、湖相沉积物、水下黄土并存的现象。大同的典型黄土都具有多孔性、垂直节理发育、含有古土壤层等特点（图 3–33）。

图 3–33　山西大同黄土中的古土壤层（李保国 摄）

3.8.1　大同黄土地貌特征

1. 沟谷发育、地表破碎程度高

大同为黄土高原的一部分，多数地区的沟谷密度在 3~5 km/km^2 以上，最大达 10 km/km^2，比中国其他山区和丘陵地区大 1~5 倍。沟谷下切深度为 50~100 m。沟谷面积一般占流域面积的 30%~50%，有的地区达到 60% 以上，将地面切割为支离破碎景观。地面坡度普遍很大，大于 15° 的约占黄土分布面积的 60%~70%，小于 10° 的不超过 10%。

2. 侵蚀方式独特、过程迅速

黄土地貌的侵蚀外营力有水力、风力、重力和人为作用。外营力作用于黄土地面的方式有面状侵蚀、沟蚀、潜蚀（或称地下侵蚀）、泥流、块体运动和挖掘、运移土体等。其中，潜蚀作用造成的陷穴、盲沟、黄土桥、黄土柱、碟形洼地等，称为“假喀斯特”。强烈的沟谷侵蚀或地下水浸泡软化土体，使上方土体随水向下坡蠕移形成泥流。黄土的抗蚀力极低，因而黄土地貌的侵蚀过程十分迅速。黄土丘陵坡面的侵蚀速率为 1~5 cm/ 年，高原区北部沟头前进速率一般为 1~5 m/ 年，个别沟头达到 30~40 m/ 年，一次暴雨可能冲刷成一条数百米长度的侵蚀沟。黄河每年输送到下游的大量泥沙中，90% 以上来自黄土高原。黄土高原河流输沙量大于 5 000t /（km^2・年）的区域约占黄土高原面积的 65.6%。

3. 沟道流域内有多级地形面

黄土地区地形面一般有三级：各流域的最高分水岭为第一级，其顶面高程彼此相近，为黄土的最高堆积面；降低 60~80 m 为第二级；再降低 40~60 m 为第三级。各级地形面的地层结构互不相同。构成第一级地形面的黄土地层层序完整；第二级地形面离石黄土上部地层（中更新世晚期）较第一级地形面区薄，甚至消失；第三级地形面多数地面只有马兰黄土（晚更新世）堆积。第二级和第三级地形面可以分别构成完整的谷形，第三级地形面之下是现代沟谷。此外，在较大的河沟沟谷内，还有两级发育不良的沟谷阶地，其中第二级阶地比较明显，第一级阶地仅见于局部地点。沟道流域黄土地貌层状结构，是黄土地貌发育历史过程的记录。

3.8.2 大同黄土地貌类型

大同黄土地貌类型主要有黄土沟谷地貌、黄土沟间地貌、黄土潜蚀地貌。

1. 黄土沟谷地貌

黄土地区，千沟万壑，沟谷是最普遍和突出的地貌类型。土壤侵蚀以暴雨径流冲刷为主，基本上没有重力侵蚀，梁峁顶部风蚀较强，下部和塬边多发生切沟和潜蚀。谷间地水力侵蚀方式和强度受自然因子（降雨径流、地面物质组成、地貌形态和植被）和人为因子的综合影响。谷间地侵蚀的方式和强度，是由分水岭向下逐渐变化和加强的。梁峁顶部和斜坡上部以溅蚀、片蚀（包括风力吹蚀）和细沟侵蚀为主，侵蚀强度较小；斜坡中部发生浅沟和细沟侵蚀，强度比其上方坡面大 5 ~ 10 倍，斜坡下部发生切沟以后，侵蚀强度更大。

根据沟谷的发育阶段和形态特征，黄土沟又分为以下几种。

（1）纹沟　降雨形成的面状流水，沿原始黄土坡面流动，由于微小的地面差异，产生许多细小的线状水流，侵蚀地表形成细小的纹状沟。

（2）细沟　坡面流水增大时，片流逐渐汇集成股流，将地面侵蚀成大致互相平行的细沟。细沟的宽度一般不超过 0.5 m，深度 0.1~0.4 m，长数米到数十米。细沟谷底纵剖面与斜坡坡形一致，横剖面近似“V”字形，沟坡无明显转折点。

（3）切沟　细沟进一步发展，下切加深，切过耕土层，形成切沟。切沟的宽度和深度均可达 1~2 m，长度超过几十米，沟底多陡坎，纵剖面坡度与斜坡坡面坡度不完全一致，横剖面的谷坡上有明显谷缘。

（4）冲沟　切沟进一步发展扩大，谷底加深，沟壁侵蚀、崩塌加宽，溯源侵蚀使沟谷加长成为冲沟（图 3-34）。其纵剖面为一下凹曲线，与斜坡之凸形纵剖面成反向。冲

图 3-34　山西大同黄土中的冲沟和黄土梁（李保国 摄）

沟的沟壁和沟头都较陡，规模较大，长度可达数公里或数十千米，深度达数十米至百米。冲沟进一步发展，沟床纵剖面坡度逐渐变缓，沟底平坦开阔，并有一定厚度的冲积物堆积，成为坳沟。这时沟谷已较稳定，常被开垦成耕地。

2. 黄土沟间地貌

黄土高原上平缓的地面，经流水侵蚀切割后残留于沟间部分的地貌。黄土沟谷的谷坡坡度多在 35° 以上，是水流由谷间地汇入沟床的通道，因而这里的水力侵蚀、重力侵蚀和潜蚀都很活跃，常产生泥流。沟谷地的侵蚀过程包括沟床下切，谷坡扩展和沟头前进。其中，沟床下切和侧蚀是导致谷坡扩展的重要原因。扩展方式，在谷缘陡崖处以块体运动和悬沟、切沟侵蚀为主；在谷坡中下部多数是水流冲刷、潜蚀和泻溜。黄土区沟头前进的方式以崩塌和滑塌为主，尤以小型滑塌居多。沟头上方坡面的汇水面积越大，坡度越大，沟头前进的速度越快。沟谷地是黄土沟道流域现代侵蚀最活跃的场所，其侵蚀强度在黄土丘陵区约较谷间地大 50%~70%，在黄土塬区则比谷间地大 10~20 倍。侵蚀方式和强度从分水岭至谷底的沿程变化，形成了沟道流域侵蚀作用的垂直分带特点。大同的沟间地貌主要类型是梁、峁。

（1）黄土梁　由两条平行沟谷分割的长条状黄土高地。梁顶平坦或稍有缓坡，坡度一般小于 5° ，边缘多为黄土深沟。梁顶宽度不一，多数为几百米，长度一般在数千米以上。在大同地区的黄土中，可以见到黄土梁地貌（图 3–34）。

（2）黄土峁　被沟谷分割而成的穹状黄土丘。其平面形态为圆或椭圆形，顶部浑圆、边坡较陡（可达 15°~25° ）。峁与峁之间被宽浅的分水鞍部分开。若干峁连成片成为和缓起伏的黄土丘陵。

峁是由黄土梁进一步侵蚀切割而成，或是由黄土覆盖在原始起伏的古地形上，再经流水侵蚀而成。由于黄土质地疏松，垂直节理发育，垂向透水性强，在其边坡部位易发生崩塌和滑坡形成陡坎，在地震带上有时成群出现黄土滑坡现象，会对人类生产、生活造成危害。

3. 黄土潜蚀地貌

地表水沿黄土中的裂隙或孔隙下渗，对黄土中的碳酸钙进行溶蚀和侵蚀，使其流失或迁移，形成土体空洞，加强流水的冲蚀作用，造成黄土塌陷形成的各种地貌，统称为黄土潜蚀地貌。黄土碟是由于地表水下渗，在重力作用下，使湿润的黄土压缩密实而造成地面下陷，形成一种平缓的碟形凹地。黄土碟一般深几米，直径 10~20 m 不等。黄土陷穴位于沟间地或谷坡上部，地表水汇集的地方，由于地表水下渗而造成地下强烈的溶蚀作用，形成的竖井状和漏斗状地面陷落。陷穴一般深达 10~20 m，直径可由几米至十几米不等，多分布在坡面长、坡度大的梁峁斜坡上。黄土桥——两个陷穴之间由于地下水流的串通，并不断扩大其间的地下孔道，残留在两陷穴间顶部的土体呈现桥形，故称黄土桥。这是极不稳定的地貌形态，极易崩塌。黄土柱——由流水沿黄土垂直节理侵蚀、潜蚀和崩塌作用造成的黄土柱状残留体。一般高几米到十几米，多分布在沟边、坡脚地带。

3.8.3 影响黄土侵蚀的因素

黄土地貌是黄土堆积过程中遭受强烈侵蚀的产物。风是黄土堆积的主要动力，侵蚀以流水作用为主。黄土梁、峁等地貌类型主要由堆积作用形成；各种沟谷则是强烈侵蚀的结果。黄土区的侵蚀有古代和现代之分。古代侵蚀纯为自然侵蚀，其速率通常是缓慢的。现代侵蚀是指人类历史近期发生的地貌侵蚀过程，主要是有人为因素参与，表现为侵蚀速度的加快。现代侵蚀和古代侵蚀在多数地区以大规模农耕兴起时期为界。现代侵蚀都以沟道流域为基本单元。沟道流域内，谷缘线以上的谷间地和以下的沟谷地侵蚀特点是不相同的。影响黄土侵蚀的因素如下：

（1）降雨量　一般是降雨量和降雨强度越大，侵蚀愈强。当降雨量和降雨强度达到一定值时，侵蚀强度一般是随坡长增加而增强，但在长度较大的坡地上，沿程有强弱交替变化特点。

（2）坡度　坡度越大，坡面水流的动能越大，坡面物质的稳定性越差，侵蚀也越强。但是，坡地上径流冲刷强度与坡度大小的关系很为复杂。在黄土高原区，常出现坡度超过15° 后侵蚀量剧增，超过 25°～28° 后侵蚀量又减少。

（3）植被　植被具有削弱降雨径流侵蚀力和提高地面抗蚀力的功能，黄土高原的自然植被遭受人为长期破坏，致使侵蚀程度愈演愈烈。

（4）土体结构　黄土结构疏松、质地均匀、抗蚀力低，是造成黄土区强烈侵蚀的重要原因。黄土高原北部黄土含大于 0.05 mm 粒径的颗粒较高，其抗蚀力较低；中部黄土含0.05~0.005 mm 颗粒较多，其抗蚀力比北部稍大；南部黄土含小于 0.005 mm 粒径的颗粒较高，抗蚀力相对地较强。因而黄土高原降雨量南部大于北部，而侵蚀强度南部反而小于北部。

（5）人为因素　这种影响是多方面的，如开垦种植等。

3.8.4 大同县杜庄乡石板沟村土壤侵蚀地貌

大同县杜庄乡石板沟村一带为剥蚀切割地形，属桑干河流域大同册田水库末端一支沟的溯源侵蚀区。这里属于温带大陆性季风气候，年平均温度 6.0~7.0 ℃，无霜期125 天，年平均降雨量 391.5 mm，全年日照时数 2 973 小时，最热月气温 32.7~36.1 ℃，最冷月气温 –30.3~–25.1℃。植被为芦苇、狗尾草和地衣等水生植被以及沼泽植被、蒿类等草原植被。在河湖相沉积物上面有黄土沉积，土壤类型为栗钙土。

图 3–35　大同杜庄侵蚀沟、侵蚀洼地（李贵桐 摄）

这里地面侵蚀非常明显，可以见到被侵蚀而成的侵蚀沟、侵蚀洼地、侵蚀柱和壮观的土林景象（图 3–35、至图 3–37）。各土林中保留了地质历史时期的湖相沉积特征，可以见到灰绿色、灰白色的湖相沉积物，在其上部又沉积了黄土物质，黄土中有因黄土的潜蚀作用形成的小孔。

石板沟的溯源侵蚀也非常强烈，沟头进展比较迅速。地下侵蚀又称为黄土洞穴侵蚀，地表有大小不等的黄土陷穴。陷穴是地表水汇集到黄土节理裂隙内进行潜蚀和溶蚀作用而形成的。它多出现在水流容易汇集的沟间地连缘地带的谷坡坡折的上方，特别是冲沟的沟头。

图 3–36　大同杜庄侵蚀柱（李保国 摄）

图 3–37　大同杜庄土林（李保国 摄）

3.9　山西朔州平朔露天煤矿开采与土地复垦

3.9.1　平朔煤矿简介

平朔煤炭工业公司组建于 1982 年，负责平朔矿区的开发、建设、生产和后勤服务，现隶属于中国中煤能源集团公司，在册职工 1 1765 人，资产总额 119 亿元。平朔矿区位于山西省朔州市平鲁、朔城两区境内，矿田总面积 380 km^2，探明煤炭地质储量 127 亿 t。经过二十多年的开发建设，已成为我国主要的出口动力煤生产基地。平朔矿区已被国家正式列为全国十三个煤炭大基地之一，即晋北煤炭基地。

平朔公司现拥有安太堡露天矿、安家岭露天矿、安家岭井工矿三个生产矿和相应配套的两座选煤厂，三座在建选煤厂和两座筹备矿，原煤生产能力 4 500 万 t，洗选能力 4 800 万 t。矿区原煤全部入洗，配套洗煤厂采用重介洗选工艺，全闭路循环。安太堡露天矿是在邓小平同志的亲切关怀下，与美国西方石油公司合作建成的我国第一个最大的中外合作煤炭项目，原设计能力 1 533 万 t。从 1982 年开始经过三年准备，两年建设，于 1987 年 9 月建成投产，创造了我国煤炭建设史上的奇迹。原煤生产采用“单斗铲—卡车”间断开采工艺，生产装备机械化程度 100%，资源回收率达到 95% 以上，多次荣获“全国高产高效矿井”和“质量标准化矿井”称号。安家岭煤矿项目是国家“九五”期间煤炭行业利用日本能源贷款的重点建设项目，也是我国自行设计、施工和管理的大型现代化煤炭项目。分为露天矿、选煤厂、铁路专用线和井工矿 4 个单项工程，已通过国家验收并正式移交生产。露天矿原设计能力 1 500 万 t，于 1997 年开工建设。露天矿采矿工艺与安太堡矿相同。井工矿原设计能力 500 万 t，于 2003 年 4 月破土动工，采用斜井开拓方式、综采放顶煤工艺，采区回采率可达 80% 以上。该项目将单一露天开采改为露井联产，规划能力将达到 3 000 万 t。

3.9.2 平朔煤矿自然状况

1. 地貌

平朔矿区内黄土广布，植被稀少，水蚀风蚀严重，冲刷剧烈，冲沟大致呈南北向树枝状分布，切割深度一般 30~50 m，“V”字形沟道居多，形成典型的黄土高原地貌景观，区内地势北东高，南西低，最高点在羊圈村南，海拔高约 1 501 m；最低点在七里河河床，海拔高约 1 180 m，一般海拔 1 250~1 350 m，相对高差 32 m 左右。

2. 地质

平朔矿区位于宁武煤田北端，以宁武向斜为主干构造，伴生次一级褶曲。而安家岭矿又位于平朔矿区中南部，主要受宁武向斜、芦子沟背斜及白家窑向斜控制，形状多变，波状起伏。地层比较平缓，除东部的芦子沟背斜东翼地质倾角较陡外（15° ~ 25° ），其余部分均在 10° 以下。本矿田地质由老（下）到新（上）的排列次序是：马家沟组（O_2m）、本溪组（C_2b）、太原组（C_3t）、山西组（P_1s）、下石盒子组（P_1x）、上石盒子组（P_2s）、保德组（N_2b）、午城离石组（$Q_1w_{+2}l$）、马兰组（Q_3m）全新组（Q_4）。

3. 水文

矿区地表水系属海河流域的永定河水系，主要河流有七里河、源子河和黄水河等支流，其中马关河与七里河分别流经矿田东西两侧，由此向北汇入永定河，最后注入渤海。

4. 气候

矿区属典型的温带半干旱大陆性季风气候区，冬春干旱少雨、寒冷、多风，夏秋降水集中，温凉少风，区内年平均降雨量为 428.2 mm（朔县站 1922—1991 年资料）至 449.00 mm（井坪站 1953—1985 年资料），最高年降水 757.4 mm。最低年降水 195.6 mm。降水集中分布在 7—9 月份，占全年总降水量的 75%。年蒸发量 1 786.6~2 598.0 mm，最大蒸发月为 5—7 月份，超过降水量的 4 倍。平均相对湿度为 54%。矿区年平均气温 4.8~7.8℃，极端最高温度为 37.9℃。极端最低温度为 -32.4℃，≥ 10℃的年积温为 2 200~2 500℃，日温差为 18~25℃，年最高、最低温差可达 61.8℃。无霜约 115~130 天。冻结日期最早为 10 月 8 日，解冻日期最晚为次年 4 月 21 日。冻土最大深度 1.31 m，积雪最大厚度 26 mm。矿区年平均风速为 2.5~4.2 m/s，最大风速 20 m/s，阵风最大为 24 m/s，年平均 8 级以上大风日数在 35 天以上，最多可达 47 天，这是产生风蚀地貌的外因。风沙日数 29 天。矿区灾害性天气主要有：干旱、冰雹、霜冻和风害，严重影响工农业生产。干旱和风害多集中在春季，冰雹常发生在夏季和初秋，霜冻以春季的晚霜和秋季的早霜危害农业生产。

5. 土壤

栗钙土是本区地带性土壤，分布在洪积、冲积平原及河流二级阶地或沟台地，其成土母质多为黄土性的冲积物、洪积物，也有部分地带性的风积物，多数为花岗岩、片麻岩的风化产物，因而土壤的物理风化强烈，土质偏砂，土体干旱，通气良好，好气微生物活动旺盛，有机质分解快，而积累少，含量一般在 0.5%~0.8%，碳酸盐含量在 8% 以上，通体石灰反应强烈。此外，因雨季集中，雨量较大，淋溶作用在短期内较强，表层碳酸盐被淋到 40~70 cm 处积聚，故有明显的钙积层，即栗钙土的钙化过程。

淡栗钙土性土是栗钙土的主要亚类，矿区内以此亚类为主。另外，在部分冲刷严重的地区裸露出古黄土及第三系红粘土。本区土壤有机质含量低，腐殖质层薄，土地肥力差，土地生产力低。

6. 植被

矿区地带性植被类型属干草原。由于开发历史悠久，耕垦指数高，天然次生林已毁坏殆尽亦很少见到大片草原群落，而呈零星分布，植被覆盖率低。故目前总体上呈农业耕作景观。在排水良好，不受地下水补给源的地面，包括黄土丘陵、倾斜平原（洪积扇）与一级阶地上，分布有长芒草（*Stipa bungcana*）、克氏针茅（*Stipa krylovii*）、扁穗冰草（*Agropyon cristaum*）、百里香（*Thymus mongolicus*）、达乌里胡枝子（*Lesp-edegadavuica*）等耐旱植物。在河谷内受地表和地下水影响而水分条件较好的地段，则出现由中生草本植物为主构成的河漫滩草甸，属隐域型植被，分布面积很小。20 世纪六七十年代营造的小叶杨人工林在区内的黄土丘陵上占有一定数量，但由于土壤干旱瘠薄生长很差，成为“小老树”。另外，在黄土丘陵的沟谷中，则以沙棘（*Nippophae rhamnodes*）为主的灌丛零星分布。

矿区农田栽培植被均属一年一熟制，主要栽植的农作物有谷子、玉米、莜麦、糜子、马铃薯、胡麻、春麦、豆类等。

3.9.3　山西平朔露天煤矿开采

1. 平朔露天煤矿开采

露天煤矿开采的特点是采掘空间直接敞露于地表，为了采煤需剥离煤层上覆及其四周的岩土。因此，采场内建立的露天沟道线路系统除担负着煤岩运输外，还需将比煤量多几倍的岩土运往指定的排土场。所以，露天开采是采煤和剥离两部分作业的总称。

（1）露天开采的优点　露天开采相对于井工开采的优点：①矿山生产规模大；②劳动效率高；③生产成本低；④资源采出率高；⑤作业空间不受限制；⑥木材、电力消耗少；⑦建设速度快，产量有保证，生产安全、劳动条件好等。

露天开采同井工开采相比，劳动生产率高 5~10 倍，回采率高 30%~40%，在安全上，更有井工开采不可比拟的效果，因此，全世界目前 2/3 矿产原料是用露天开采，其中露天采煤最多的国家是德国、美国和前苏联，德国露天采煤为 75%，美国一半以上，前苏联为 1/3。我国煤炭资源总探明可采储量约 9 760 亿 t，其中露天可采储量约 4 600 亿 t，占总储量的4.8%，虽其比例不高，但其建设速度和规模却会远远高出煤炭工业发展的平均值。另外，在同样条件下，规模大的露天矿其经济效益优于规模小的露天矿。因此，我国已把优先发展露天开采作为煤炭工业建设的基本技术政策。

（2）露天开采的不足　露天开采也存在一些不足之处：①占用土地多，污染环境；②受气候影响大，严寒、风雪、酷暑、暴雨等会影响生产；③对矿床赋存条件要求严格。而且，我国的大型露天煤矿大多处于干旱、半干旱的生态脆弱区，如平朔矿区、准格尔矿区位于黄土高原水土流失严重区，霍林河矿区，伊敏河矿区位于毛乌素沙漠和西北黄土高原过渡地带的沙化区。故我国大型露天采煤区的生态环境问题更应引起高度重视。

平朔露天煤矿区是我国五大露天煤矿之一，它是我国最先开发的大型露天煤矿（图3–38），平朔矿区建设规模为 6 500 万 t，其中，国家大型露天煤矿 4 500 万 t，划分为 3 个矿田，即安太堡露天煤矿（简称 ATB 矿）、安家岭露天煤矿（简称 AJL 矿）和东露天煤矿（简称 D 矿），每个矿田的规模均为 1 500 万 t。ATB 矿是平朔矿区第 1 个开发建设的大型露天煤矿，面积 60 km^2 左右，服务年限 92 年（1985—2077 年）。AJB 矿是平朔矿区第 2 个开发投产的大型露天煤矿，面积 53 km^2 左右，服务年限 97 年（1998—2095 年）。正在筹建中的 D 矿是平朔矿区第 3 个开发投资的大型露天煤矿，面积 46 km^2 左右，服务年限待定。平朔矿区地理位置及其三大露天煤矿总体布局如图 3–39 所示。

（3）露天开采对土地利用的影响形式

①挖损。对原地表形态、地质层组、生物种群的直接摧毁，原土地生态系统不复存在。

②压占。挖损过程中产生的废弃岩土堆置于原地貌上，造成原土地生态系统的破坏和丧失。

③占用。原有的土地利用类型变为容纳厂房、选煤场、运煤铁路、排土道路、供电通讯线路以及给排水管道的工业广场，这部分土地的占用仍然发挥着土地的使用价值，但占用过程造成水污染和粉尘污染等。

④污染。挖损和压占过程中的粉尘污染、水土流失以及酸性、碱性、毒性物质通过径流水对周围土地、水系和大气造成的污染，其影响面积超过矿区生产作业区。

图 3–38　山西朔州平朔露天开采煤矿（李保国 摄）

图 3–39　平朔煤矿土地利用现状图（据 Googel earth 制作）

2. 平朔煤矿主要含煤地层

平朔露天煤矿煤层深度为 100~200 m，矿区的主要含煤地层主要为上石炭统太原组（C_3t），其上覆为下二叠统山西组（P_1s），下伏为中石炭统本溪组（C_2b）（图 3–40），其中露采煤层为 $9^{\#}$ 和 $11^{\#}$。在石炭系煤层之上为第三系（E）红土，第三系之上为第四系黄土地层。图 3–40 中自本溪组底至山西组底共划分为 5 个层段。

第Ⅰ层段包括全部本溪组地层，其厚度及岩性比较稳定，主要为泥灰岩、灰岩、砂岩和少量铁铝岩。

第Ⅱ层段自太原组砾岩 底至 $11^{\#}$ 煤层顶，厚度变化较大，增厚与变薄部位均表现出一定宽度的条带性，砂砾岩的比例自 NW–SE 明显递减。

第Ⅲ层段自 $11^{\#}$ 煤顶至 $9^{\#}$ 煤顶。该段厚度变化也较大，一方面自 NW–SE，即由边缘向中心呈迅速变薄的楔形；一方面自中部向 SE 则一直保持着小而稳定的厚度值。该层段主要为砾岩（角砾岩）、砂岩、粉砂岩、泥岩和煤。岩性与碎屑岩比例变化与Ⅱ层段相似。

第Ⅳ层段由 $8^{\#}$ 煤至 $7^{\#}$ 煤顶，其厚度变化较大，出现一些条带状增厚的部位，主要岩性为砾岩（角砾岩）、砂岩粉砂岩、泥岩和煤，其中灰泥岩广泛分布，而碎屑岩则呈条带状分布。

第Ⅴ层段自 $7^{\#}$ 煤顶至 $4^{\#}$ 煤顶，厚度较大，主要岩性与Ⅳ层段相似，但砾岩及砂岩则全区广布。砂泥比自 NE–SW 明显降低。

第Ⅴ层段之上为山西组。山西组全区广布，不仅厚度大，而且岩性单调，以砾岩和砂岩为主，间夹少量泥岩和煤。

总之，本区含煤地层由下至上碎屑比，砂泥比均增大，这反映出沉积环境由滨海平原向泛滥平原的转化。

3.9.4　平朔煤矿土地复垦

露天矿土地复垦是指将采矿破坏的土地因地制宜地恢复到所期望状态的行动或过程。

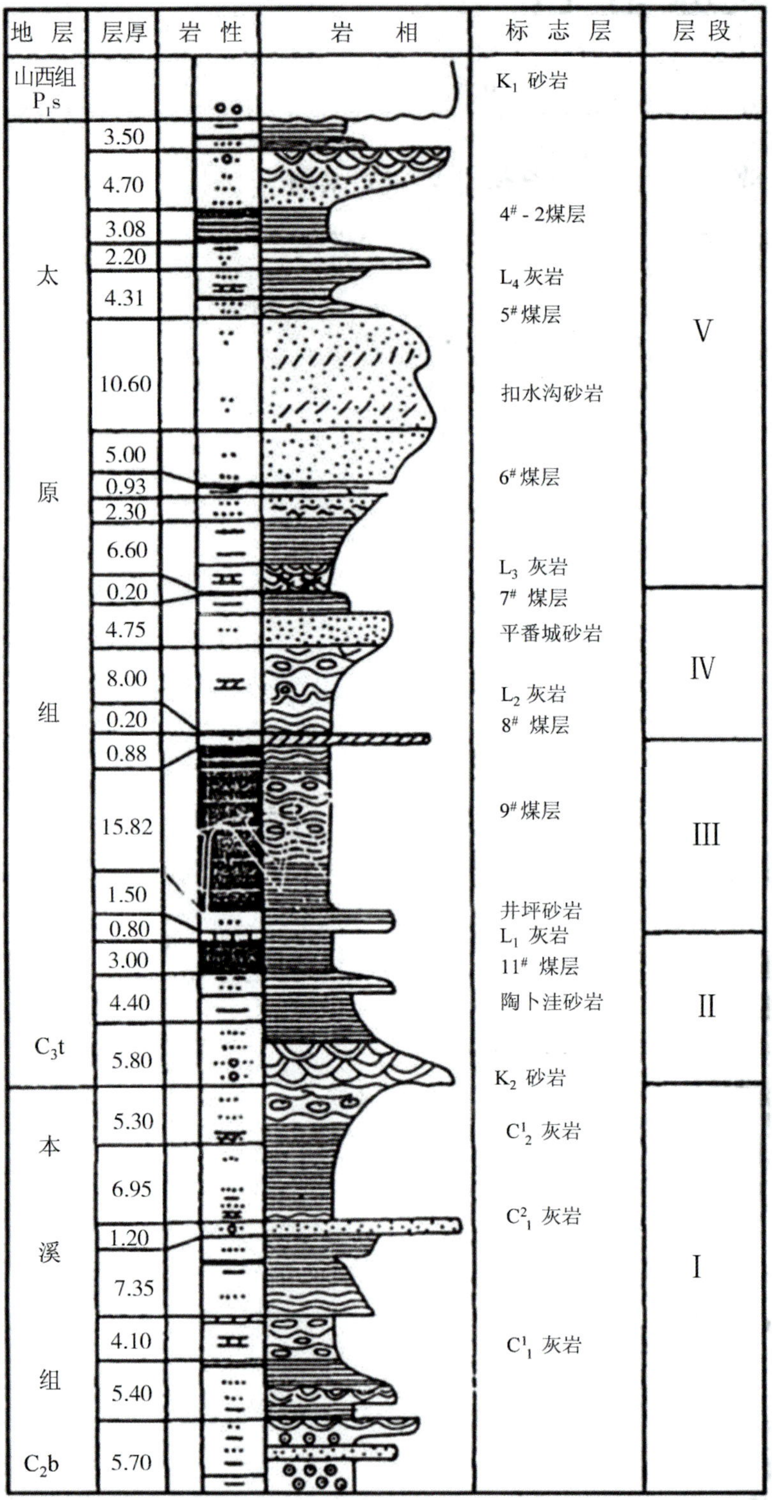

岩相：反映沉积岩或沉积物生成环境的岩石的各种性质。

图 3–40　平朔煤矿含煤地层柱状图（引自程东等）

复垦的主要目标是重新建立永久稳定的景观地形，这种地形在美学上和环境上能与未被破坏的土地相协调，而且采后土地的用途能最有效地促进其所在的生态系统的稳定和生产力的发展。此外，复垦的土地应有利于多种用途，以便于将来更经济地开发利用。同时，不应将每个复垦区看作孤立的单元，而应与待开采土地和邻近土地看作一个完整的系统加以规划，以提高土地生产力、生态系统的稳定性和复垦的经济效益。

中美合作开发平朔安太堡煤矿的伊始，就已将复垦纳入总体开发建设规划。环境治理与矿山建设同步规划、同步实施。基本做法是，开采挖煤层的同时，将挖出的土石方整理成平台，经过沉降、改造等过程，使其成为可种植的地块，种植树小、灌木等，恢复地面植被，保持水土，减少环境破坏。

1998 年，《土地管理法》的修订将土地占补平衡上升到了法律的高度，要求占用农地进行建设必须补充相同数量、质量的耕地。这涉及土壤改良、地形改造、水利设施建设等一系列难题。为此，平朔煤矿联合科研单位，结合近十年植被覆盖的实践经验，深入分析研究，总结出半干旱黄土区采煤废弃地生态重建的理论与方法。确定了“地形重塑、土壤重构、植被重建”的战略构想和技术体系，把环境治理由单一的植被覆盖转变为植被覆盖与耕地复垦整理、农作物种植综合进行的新格局，对排土场、废弃地进行了大规模的土壤改良，地形整理，将安太堡、安家岭露天矿的西排土场、东排土场、内排土场等改造成可耕种的土地。

1．土地重塑工艺

是从工程复垦角度进行合理的地貌重塑和土体再造，尽可能消除影响植被恢复的生存限制因子。重点解决排土场基底不稳、非均匀沉降、水土流失严重、水分利用效率低、岩土污染、重塑地形坡度等问题。

2．土壤重构

是在土地重塑的基础上，再造一层人工的土体，并通过各种农艺措施，使土壤的理化性质不断改善、肥力不断提高。由于平朔矿区扰动后的地表大多覆盖的是黄土母质，在很大程度上承袭了母质的特性，其通气透水性、蓄水保水性、保肥供肥性经常发生矛盾。因此，必须通过土壤重构，才能为植物提供良好的立地条件，也为恢复植被、提高土地生产力打下良好的基础。

3．植被重建

平朔露天矿区生态重建的核心是植被重建。重建的目的是要控制水土流失，快速熟化土壤，稳定土层结构，尽快形成可自我调节的健康生态系统。最终目标是构建结构合理、功能高效的农林复合生态系统。因原地貌是干草原植被类型，属黄土高原重点治理的脆弱生态区，故重建系统应优于原地貌生态系统，能适应当地恶劣的自然条件，改变极度退化的立地条件。

平朔矿区土地复垦与生态重建技术体系见表 3–2，图 3–41。

表 3-2 平朔矿区土地复垦与生态重建技术体系

重建类型	重建对象	技术体系	技术类型
非生物环境因素	土壤	土地重建技术体系	排土场基底构筑工艺；排土主体构筑工艺；排土场平台构筑工艺；黄土母质直接铺覆工艺；堆状地面排土工艺；排土场边坡构筑工艺；排土场排水渠构筑工艺
		土壤重构技术体系	土壤快速培肥技术；固氮植物引入改良技术；绿肥与有机肥施用技术；活性污泥改良技术；水分利用调控技术
		水土流失控制与保持技术体系	暂时性、过渡性、永久性水保措施结合技术；复合农林技术；网状整地技术；边坡防崩防滑技术；谷坊
		土壤污染控制技术体系	有害物质包埋、压埋技术；煤矸石自燃防治技术；移土、客土种植技术；废弃物资源化利用技术
生物因素	物种	植物品种引入和筛选技术体系	先锋植物引入技术；土壤种子库引入技术；林草植被再生技术
	群落	群落结构优化配置与组建技术体系	乔、灌、草搭配技术；群落组建技术；择伐技术；生态位优化配置技术
		群落演替调控技术体系	人工与自然侵入演替技术；病虫害防治技术；封山育林技术
生态系统	结构与功能	生态评价与规划技术体系	土地资源评价与规划技术；环境评价与规划技术；景观生态评价与规划技术；3S 辅助技术；专家系统技术

图 3-41 平朔煤矿生态重建图（李保国 摄）

4. 平朔煤矿环境治理与土地复垦的特点

平朔煤矿的环境治理与土地复垦处于领先水平，其土地复垦不是一般意义上的某个单一地块的整理复垦，而是包括土地整理复垦在内的矿区生态环境综合开发。

（1）将土地复垦、植被覆盖作为煤矿建设的重要组成部分纳入整体规划，使其与整个煤矿建设发展具有同步性和持续性。

（2）土地复垦费用列入生产成本，保证了土地复垦资金的来源。

（3）以现代科技提升土地整理复垦层次。将土地复垦视为科研项目，采用多学科交叉融合，多专家联手攻关的方式，致力于土地复垦新方法、新技术的研制与应用。

目前，平朔煤矿已累计投入 1.5 亿元，完成复垦面积 26 000 多亩。复垦引种各类植物 80 多个品种，其中，乔木 27 种，灌木 8 种，草 22 种，药材 30 余种，农作物 12 种。矿区复垦率达 40%，排土场可复垦率 90% 以上。

3.10　华北地区的地质构造与恒山形成

3.10.1　华北地貌形成的物质基础

地貌是地球内、外力共同作用的产物。内力主要指来自地球内部的动力，如地壳长期缓慢地上升、下降运动和突发火山、地震活动；外力主要指来自地球外部的动力。一般说来，当内力作用比外力作用强时，则以造貌为主，使地势高差加大；而当外力作用强于内力作用时，则以削貌为主，使地势高差减小。

1. 华北地区大地构造与地质构造

大地构造是指大范围内构造运动的作用力及它所导致的地壳构造或形态。根据构造稳定性和活动性以及褶皱硬化和断裂活化时期的不同，中国大地构造单元可分为地台和地槽两大区。华北的绝大部分属于中国地台区，仅北部小部分属于地槽区，分别叫华北台块和蒙古褶皱带。

（1）华北地区大地构造及构造演化史　华北地区的大地构造属于华北台块及蒙古褶皱带两大构造单元。其次一级的构造分别是察哈尔槽向斜、内蒙古台背斜、燕山褶皱带、山西台背斜和华北拗陷（图 3–42）。

① 察哈尔槽向斜　位于华北的最北端，为蒙古褶皱带的一个小区，主要由海相石炭（C）– 二叠系（P）构成，厚度大约为 5 000 m。古生代后，其与华北地台分开，上升遭受剥蚀，接受各种陆相沉积。燕山运动，沿南缘深断裂带——康保 – 围场深断裂带有中酸性火山岩喷发。

② 内蒙古台背斜　也称为内蒙古隆起带，包括内蒙古南部和河北省北端。

吕梁运动后，本区全部褶皱硬化，进入地台发展期，成为中国地台的一部分。震旦纪（Z）初，该区隆起成为燕山褶皱带的碎屑供给区。石炭（C）– 二叠纪（P）本区又开始活动，西部堆积了上古生代陆源海相沉积。燕山运动本区全部隆起遭受剥蚀，之后东西两地沉陷成盆地，并有火山喷发。白垩纪（K）末期后，全部隆起遭受剥蚀夷平，形成了准平原。新生代的喜马拉雅新构造运动使全区整体上升，形成了今日的内蒙古高原（中国科学院地质研究所，1959）。赤峰、承德一线与内蒙古台背斜分界，西南与山西台背斜接壤，南与河淮台向斜相连。

③ 燕山褶皱带　也叫燕山沉降带，包括河北省北部和辽宁省西部，为东西向的带状山地。其北以张家口、

吕梁运动形成了本区的基底。从震旦纪（Z）开始出现强烈拗陷，接受碳酸盐类岩石沉积，震旦纪（Z）晚期全区上升，海水变浅。直到中奥陶世（O_2）后整个地区上升为陆地。中、晚石炭世（C_2、C_3）又发生海侵，形成海陆交互相并含有煤层的沉积。二叠－三叠纪（P–T）本区又上升接受陆相沉积。侏罗纪（J）－白垩纪（K）的燕山运动，本区褶皱抬升，并伴有巨大的断层活动，且沿断裂带有火山喷发。燕山运动后全区遭受剥蚀并形成准平原。喜马拉雅新构造运动又使该处隆起形成了现在的燕山山地（中国科学院地质研究所，1959）。

④ 山西台背斜　也叫山西隆起带，包括山西省全部、河南省西北部、河北省西部。东以深断裂与华北拗陷区相隔，西以一断裂与鄂尔多斯台向斜分开，北与内蒙古隆起带相接，南以鲁山—卢氏—雒南大断裂为界与秦岭褶皱带接壤。地形上为一被切割了的高原，其上分布了走向北东与北北东的山脉：吕梁山、太行山，汾河地堑夹于其中。

前震旦纪（Z）地槽发展的早期，该区形成了五台系的火山沉积。五台运动后本区下降形成了滹沱系碎屑岩和碳酸盐建造。古元古代末期的吕梁运动结束了本区的地槽阶段，隆起受到剥蚀。震旦纪（Z）晚期海侵扩大到本区，一直到中奥陶世（O_2）均接受海相沉积。

晚奥陶世（O_3）后，全区上升遭受剥蚀。自中石炭（C_2）起又下降接受海陆交互相沉积，形成滨海煤田。二叠纪（P）石盒子统为陆相的碎屑堆积。二叠纪及部分三叠纪为红色碎屑堆积。三叠纪发生的淮阳运动加强了本区的分异，南部缺失侏罗系；北部大同、静乐一带形成了断陷盆地，接受侏罗纪陆相煤系堆积。燕山运动，本区断裂活动活跃，并伴随有花岗岩、花岗闪长岩等的侵入。燕山运动后，本区全部隆起遭受剥蚀，到白垩纪末期形成了准平原。

喜马拉雅新构造运动又使该处上升，形成了现在的山西高原（中国科学院地质研究所，1959）。

⑤ 华北拗陷区　有人称为河淮台向斜，位于山西隆起带以东，燕山褶皱带以南，与两者之间都是断裂接触，地形上为北北东向的大平原，主要由黄河、淮河、海河等河流洪积－冲积形成。与相邻的构造单元——山西隆起带、燕山褶皱带的构造演化一致，从新生代喜马拉雅新构造运动起，与其周边构造发生分异。本区持续沉陷接受新生代的陆相、内陆湖沼相及部分地区的海相堆积，形成了今天的华北大平原（中国科学院地质研究所，1959）。

（2）华北地区地质构造　在构造运动的力的作用下，使岩石或岩层发生变形或变位

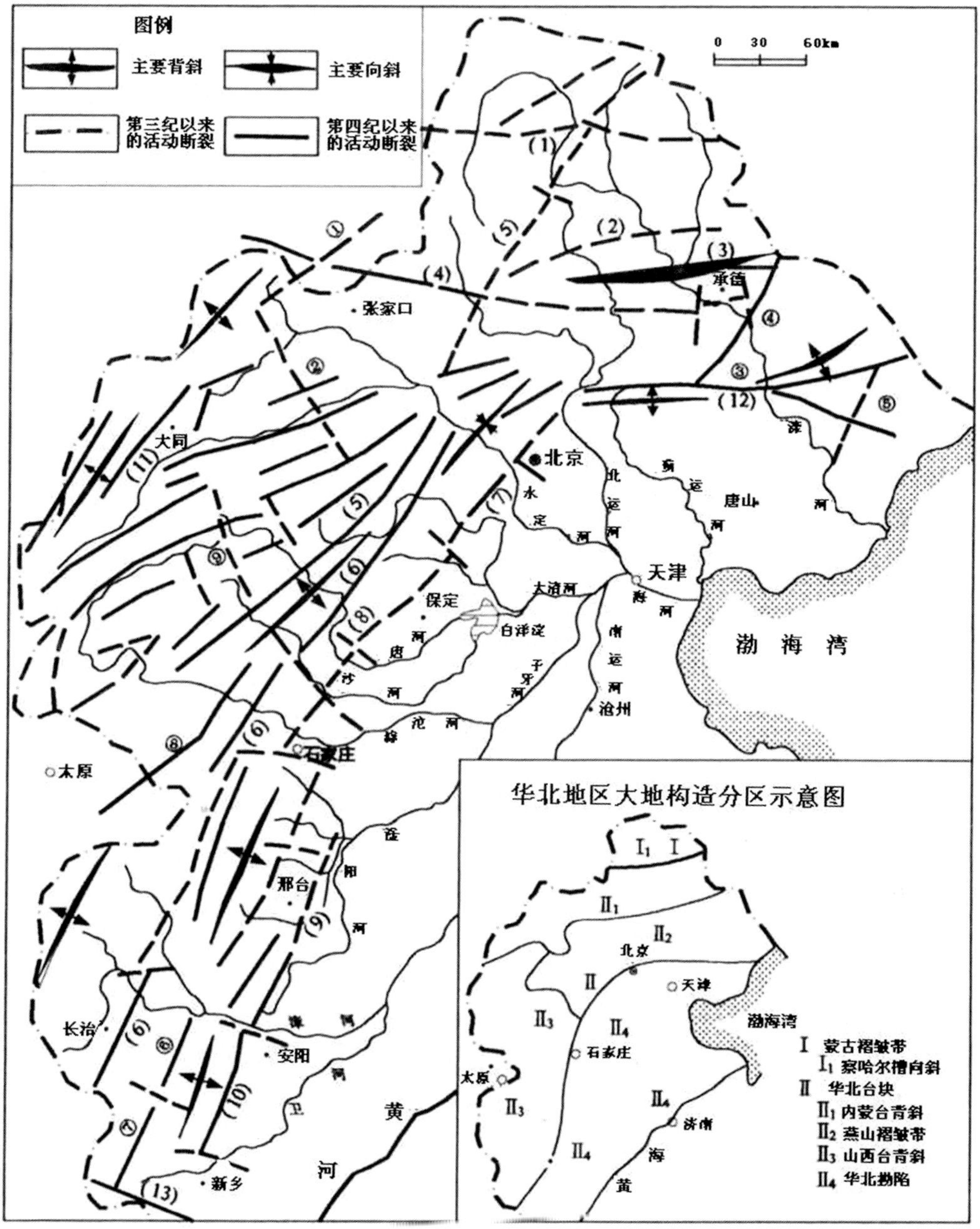

图 3-42　华北山地大地构造与地质构造图（引自吴忱，2008）

（1）康保－围场深断裂；（2）丰宁－隆化深断裂；（3）大庙－娘娘庙深断裂；（4）尚义－平泉深断裂；（5）上黄旗－乌龙沟深断裂；（6）涞水－高平深断裂；（7）怀柔－涞水深断裂；（8）定兴－石家庄深断裂；（9）邢台－安阳深断裂；（10）安阳－新乡深断裂；（11）北东向的大同－山阴深断裂；（12）东西向的南口－平谷－山海关深断裂；（13）东西向的商丘－焦作深断裂；①沽源－张北大断裂；②马市口－松枝口大断裂；③密云－喜峰口大断裂；④平坊－桑园大断裂；⑤青龙－滦县大断裂；⑥任村－西平罗大断裂；⑦青洋口大断裂；⑧交城大断裂；⑨唐河大断裂

的形迹，称为地质构造，如引起褶皱变动、断裂变动、掀斜变动，以及岩浆侵入和喷发引起岩石的各种产状等。其中以垂向运动为主，垂向和水平形变都有的断裂构造对地貌的形成演化关系非常密切，尤其是活动断裂，至今仍然影响着现代地貌的形成和演化。

① 褶皱构造 本区中生代褶皱主要形成于燕山构造期。中、晚侏罗世（J_2、J_3）形成的大型箱形复背斜，呈东西向分布在北京至秦皇岛之间。背斜核部在河北省马兰峪至金厂峪一线，大体与燕山山地走向一致，长约 120 km，称为燕山大背斜，其核部由太古宇地层组成，两侧依次为中 – 新元古界、古生界和中 – 下侏罗统地层。

侏罗 – 白垩纪之间形成的褶皱主要分布在太行山地区，分别以河北省阜平、赞皇基底出露区为核部的两个大型宽缓背斜构造，和两者之间由中 – 新元古界、古生界组成的向斜等，为该期产物，轴向北北东，长可达上百千米（河北省地质矿产局，1989），有人称为太行大背斜。

在山西省，有云岗拗陷、吕梁山隆起、宁武 – 静乐拗陷等。

本区新生代隆起包括：多伦环形构造隆起，由闪电河大弯曲包围；都山环形构造隆起；房山环形构造隆起，由花岗闪长岩组成；太行山隆起，北东向，山麓冲 – 洪积扇发育；燕山南麓唐山 – 滦县隆起，山麓冲 – 洪积扇发育。

② 断裂构造 华北地区断裂构造十分发育，其中既有切穿硅铝层、深入硅镁层或上地幔，对两侧地体发展具有控制意义的深断裂，又有虽未深入硅镁层、对两侧地体发展具有一定控制意义的大断裂，还有许多影响地貌形成的一般断裂，也有新生代形成新裂陷。

华北地区的深大断裂主要有：康保 – 围场深断裂、丰宁 – 隆化深断裂、尚义 – 平泉深断裂、太行山大断裂、北东向的大同 – 山阴深断裂、东西向的南口 – 平谷 – 山海关深断裂等。华北地区的大断裂有沽源 – 张北大断裂、密云 – 喜峰口大断裂、交城大断裂、恒山大断裂、固安 – 昌黎隐伏的断裂等。

新裂陷是指新生代以来边张裂、边下陷，盆地底部边斜升、边接受沉积，并呈簸箕状或地堑式的长条盆地即新裂陷。裂陷边缘一般以断裂为界。华北地区自北向南有延庆 – 涿鹿新裂陷、桑干河新裂陷、滹沱河新裂陷和长治新裂陷。

以上深断裂、大断裂、新隆起、新裂陷，第四纪以来都有继承性活动，有的是地震、火山频繁活动地区，因而对华北地貌的形成和演变仍然在起控制作用。

2. 华北地区的地层岩性

（1）地层 华北地区地层，除古生界中的上奥陶统（O_3）、志留系（S）、泥盆系（D）、下石炭统（C_1）和新生界的古新统缺失外，其余地层均有出露。

（2）岩性 华北地区主要由不同时代的岩浆岩、沉积岩、变质岩组成。盆地、河谷及平原地区主要由第四纪松散沉积物组成（图 3–43）。

① 岩浆岩 本区岩浆岩主要形成于中生界，为一套复杂的陆相火山沉积岩系。侏罗 – 白垩纪（J–K）是一套火山岩夹陆源碎屑岩系，有各类玄武岩、安山岩、集块岩、角砾岩、凝灰岩和各类砂岩、砾岩、泥灰岩、页岩并含薄层煤线等，沿尚义 – 平泉深断裂两侧东西向分布，构成海拔 1 500~1 700 m 的浑圆状山顶。北京西山地区的侏罗系地层出露较全；

山西省的侏罗系地层有两种：一是以冲积、湖积为主的沉积碎屑岩含煤建造，分布在山西省北部的大同、左云、灵丘等地和南部的榆社、武乡等地；二是以喷发堆积为主的火山-沉积碎屑岩建造，分布在浑源、灵秋、厂灵一带。白垩系地层是一套洪积、冲积为主的陆相碎屑岩建造夹喷出岩，分布在大同、左云、阳高等地。

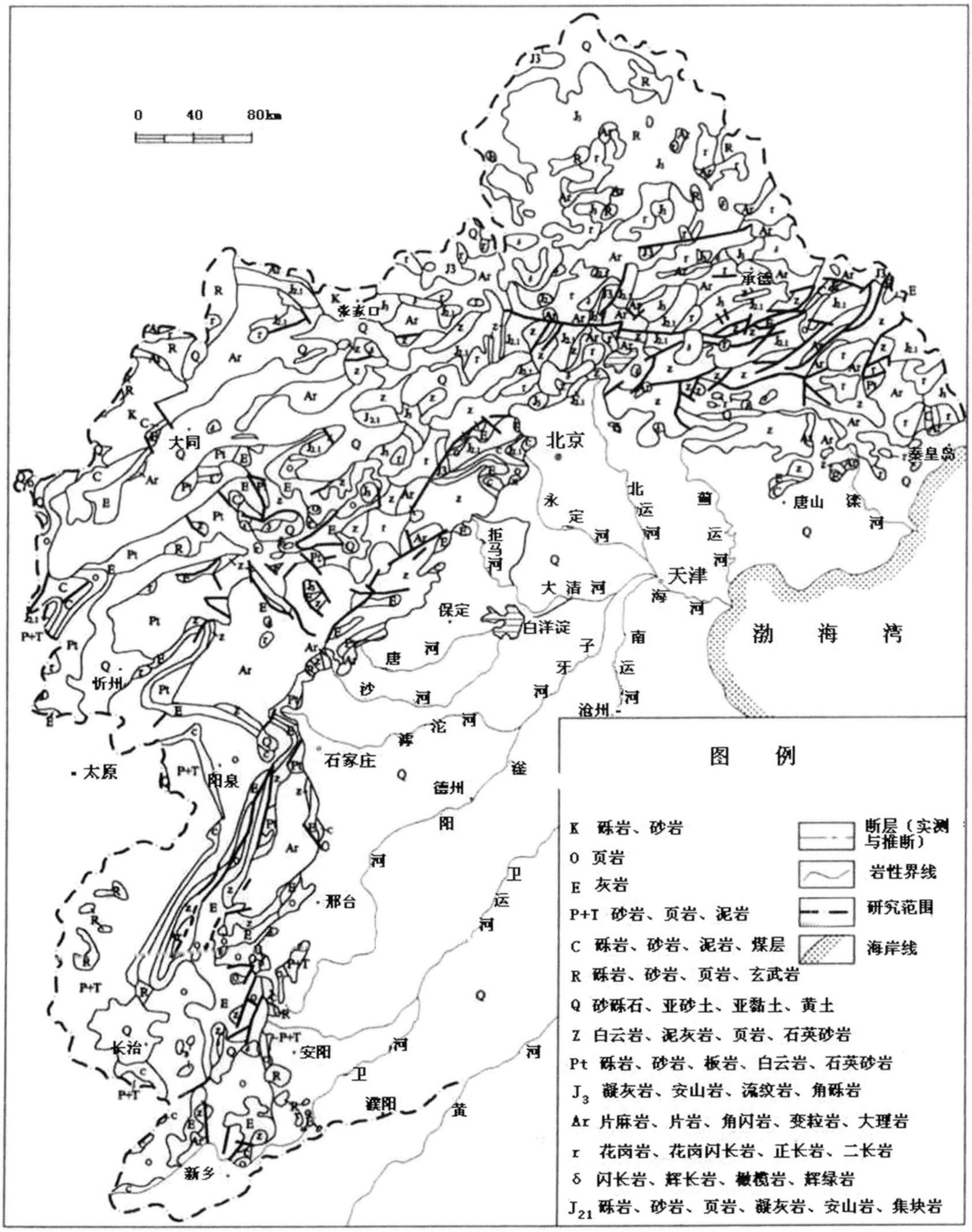

图 3-43　华北地区岩性分布图（引自吴忱，2008）

另外，山西省有始新世玄武岩喷出，分布在繁峙县。中新世玄武岩构成了河北省张北县南部和围场以北的桌状山，在山西省天镇和河北省阳原覆盖在古近纪湖相层上而成为丘陵的顶部。在山西省大同市，有中、晚更新世火山喷发，玄武岩构成了火山锥。

② 沉积岩　包括各种未变质的砾岩、砂岩等碎屑岩、黏土岩、石灰岩，以及浅变质的石英砂岩、白云岩、白云质灰岩、泥灰岩、板岩、页岩等。

中－新元古界的长城系、蓟县系、青白口系、震旦系，多为未变质或轻变质的滨海－浅海相富镁碳酸盐岩（为主）及碎屑岩、黏土岩，组成了华北地台沉积盖层的底部，主要位于太行山、燕山两大背斜的两翼。因岩石比较坚硬，地貌上构成了太行山、燕山的山脊。另外，在山西省浑源、广灵、灵丘及北京军都山一带也有分布。

下古生界的寒武－奥陶系为海相碳酸盐系沉积，主要由各种未变质的灰岩和浅变质的白云岩、白云质灰岩、泥灰岩等组成，覆盖在中、新元古界之上，构成了太行山、燕山、北京西山、六棱山、熊耳山、系舟山、云中山、恒山等山地的顶部。地貌上有的为尖峰状，有的为锯齿状，有的为单面山状，少数还保存着平台状。

上古生界的石炭－二叠系（C–P）主要为海陆交互相的碎屑岩、灰岩夹煤层，分在布在盖层的向斜轴部或拗陷盆地内，如太行山中段西侧的山西省阳泉、昔阳、左权一带，长治盆地的周边地区，管涔山的东侧集中连片分布。其他地区公零星分布，如河北省武安、临城，北京市门头沟等地。

中生界三叠系（T）是一套陆相沉积岩系，主要是河流相红色砂泥岩地层，分布在冀北山地南侧和燕山山地北侧的冀北一带和北京西山地区，如河北省平泉、滦平、宣化下花园，北京门头沟、八大处等地。山西省集中分布在漳河上游的长治盆地内，如长治、榆社、武乡、襄垣、屯留、长子、和顺、寿阳、榆次等地，构成了盆地的底部。

新生界古近纪的始新统主要是砾岩，它与始－渐新世砾岩夹煤层一起，分布在山前断盆地的底部。第四纪各种松散沉积物，包括砾石、砂土、黏土等，主要分布置在断陷盆内各河流谷地中。黄土则披覆在低山的迎风坡、山麓丘陵面、河流二级以上的阶地面和第四纪古湖积台地面上。

③ 变质岩　变质岩主要指各种深变质的片麻岩、片岩、角闪岩、变粒岩、千枚岩、石英岩、大理岩、变质砾岩、变玄武岩等，构成了华北地台的基底，形成于太古宙和古元古代，包括古太古代迁西群（山西省太行山地区的阜平超群），新太古代的阜平群、五台群（太行山地区）或单塔子群、双山子群（燕山地区），以及古元古代滹沱超群（山西省，河北省叫甘陶河群）。出露于内蒙古台背斜、山西台背斜及燕山大背斜的核部。如河北省尚义、崇礼、丰宁、隆化与山西省大同、河北省宣化、赤城间；河北省兴隆、青龙与遵化、迁安、秦皇岛间；河北省平山、曲阳县灵山、唐县川里、山西省灵丘县银厂、五台县门限石、东峪口间；另外还有山西省五台山、恒山等地。因岩石易风化，剥蚀，地貌形态主要呈缓起伏的丘陵状（山麓丘陵地区）、馒头状（中低山地）。只有少数比较坚硬的变质砾

岩以缓起伏的波状构成了华北地区的最高山地——五台山的顶部。

3.10.2　华北地质构造对恒山形成的影响

北岳恒山与山东省的东岳泰山、陕西省的西岳华山、湖南省的南岳衡山、河南省的中岳嵩山，并称五岳，齐名天下，是我国著名的五岳之一。其坐落于山西省大同市浑源县

城南，主峰天峰岭海拔 2 017 m，气势雄伟，它与西面的翠屏山夹谷对峙，浑水中流，形成了南北交通的天然咽喉。恒山高度为五岳之冠，因其矗立在浑河平原南岸，主峰又贴近平原，

所以看起来格外挺拔、高耸，而被北巡的舜帝指定为北岳。

恒山在山西省境内，属华北范畴，因而其形成势必受到该区域内构造运动和地质构造的影响。新构造运动对恒山的形成起到了关键的作用。在大地构造上，山西为一隆起带，整个山西为一高原，但在其内部构造运动频繁，由于断层作用，形成了许多断块山和断陷盆地，恒山位于大同盆地以南，后经多次新构造运动，使恒山断块抬升，形成北部翘起的断块山。构造运动形成了特殊的地质构造，从而决定了恒山的气势。

1. 恒山山脉的形成

由于构造运动沿北东走向的恒山大断裂隆起成恒山断块，其北部的浑源盆地做地堑式陷落，恒山北坡与盆地之间的断距达 1 km 左右。所以，恒山山脉从东北向西南绵延数百千米，具有磅礴雄伟的气势。恒山沿断层面西北翘起，山势陡峭向东南倾斜。

2. 恒山主峰的形成

恒山山脉形成后，由于新构造运动，再次发生断层错动，恒山山脉主体部分被断层错开，形成东、西两峰，东为天峰岭，西为翠屏峰（图 3-44），这两座山峰是孤山式断块山。从北仰望，只见层崖迭峰，山势雄峻。一层断崖，一层绿带，层次明显。这样就形成恒山与众不同的既朴实、又壮观的版画式山形。由于断层作用，在主峰天峰岭和翠屏峰之间形成地堑式断层谷，出现陡崖紧束的峡谷，叫金龙峡（图 3-45、图 3-46），浑河从峡谷中流过，其上游有恒山水库。浑河发源于上游山谷，其流向先为北西方向，后来转为西南方向，之后汇入桑干河，因此这里还是属于海河流域桑干河水系。金龙峡两岸石壁万切，青天一线，最窄处不足三丈，形成了胜似龙门、险似剑阀的绝塞天险，是古代兵家必争之地。

图 3-44　恒山翠屏峰（李保国 摄）

图 3-45　金龙峡南面口（李保国 摄）

恒山主峰天峰岭山体由根部的中元古界泥灰岩、竹叶状灰岩、白云岩，中上部为下古生界的寒武系、奥陶系石灰岩、白云岩构成，层状地貌特征明显，西边有金龙峡，翠屏峰岩性为寒武系的石灰岩。在天峰岭及翠屏峰都能见到小断层。

恒山主峰天峰岭南坡断层众多，北望“恒宗”两个巨大红字，刻字的石壁是一个大断层面，它的南面可见黑色煤层与它直接相顶，断层北是奥陶系石灰岩断面，此断层南盘下降，垂直断距在 100~300 m，是由 1 亿 5 万年前的燕山运动时形成。在进入山门牌坊 1 000 m 处的路边，可见到一个有趣的地质现象，即石灰岩地层中可看到煤块。这是因为当含煤岩系下部为石灰岩等可溶性岩层时，石灰岩等在底下水溶蚀作用下，被不断溶解，产生岩溶洞穴，溶洞越来越大，加上上覆含煤岩层得长期重力作用，致使煤层及其围岩塌陷，而形成“岩溶陷落柱”，即石炭系的煤层陷落在了奥陶系的石灰岩中。图 3-47 也是一个断层崖，其为寒武系沉积岩。晚更新世后期以来，恒山南麓断层至少有 4 次活动。断层沿恒山南麓呈北东 70° 左右的走向分布，地表出露长度约 20 km，断层以北为基岩断块抬升山地，它是恒山南西余脉，呈北东—南西走向，北陡南缓，平均海拔 1 600 m。

图 3-46　恒山金龙峡旁的石灰岩岩层（李子忠　摄）

图 3-47　恒山一陡崖前的古建筑群（引自邓广华，2007）

3.10.3　恒山悬空寺

悬空寺是闻名中外的古代建筑，始建于北魏后期，距今 1 400 多年。悬空寺并非悬空，而是背倚翠屏峰，面对恒山主峰天峰岭，建在金龙峡半崖峭壁间。其前有木柱支撑，因离地较高，看似悬起而得名。悬空寺所建崖壁属寒武系石灰岩（图 3-48）。寺建在鼓凸的陡壁下方，更增加几分惊险。同时也保护了它不受雨水直接侵袭。寺高出河底二三十米，使它免遭山洪威胁，所以历经千年而不朽。

观察点与要求：①了解恒山的形成；②掌握由于构造运动形成了相对较高的恒山和其北部相对较低的浑源盆地；③了解金龙峡的形成与断层活动的关系；④观察恒山主峰天峰

岭和翠屏峰根部岩石组成。

图 3– 48　恒山翠屏峰石灰岩陡崖上的悬空寺（李保国 摄）

3.11　坝上及内蒙古草原土壤形成与草原保护

3.11.1　草原土壤分布与特点

半干旱地区草甸草原及草原植被下发育的草原土壤，广泛分布于温带、暖温带以及热带的大陆内地，约占全球陆地面积的 13%。在中国，草原土壤主要分布在小兴安岭和长白山以西、长城以北、贺兰山以东的广大地区；由东向西，在温带范围内依次有黑钙土、栗钙土、棕钙土，在暖温带范围内依次有黑垆土、灰钙土。最典型的草原土壤为黑钙土、栗钙土和黑垆土。

大多数草原土壤的形成过程有明显的生物累积过程和钙化过程。草原土壤的共同特点是：

（1）气候条件比较干旱，土壤受淋溶作用较弱，土壤盐基物质丰富，土壤剖面分化清楚，具有明显的“两层性”，及腐殖质层和钙积层（黑土除外）；

（2）土壤腐殖质含量自表层向下逐渐减少，颜色亦相应的变淡；

（3）土壤呈中性至碱性反应；

（4）交换性盐基呈饱和状态，并主要为钙离子所饱和；

（5）土壤矿物组成中二氧化硅和三氧化物在土体中均匀分布，无重新分配特征。

这些特征是草原土壤区别于森林土壤、荒漠土壤及其他土壤的最基本特征。草原土壤各土类之间的差异，主要取决于腐殖质累积过程和钙化过程之间的量的对比关系。主要成土过程有腐殖质累积过程和钙化过程，但二者间的量的对比关系各土类有别，随干旱程度的增加，前者减弱，后者加强。由于水分不足，不适宜农业，但宜于发展牧业，为重要的畜牧业基地。

3.11.2 区域土壤形成因子分析

本考察范围为内蒙古高原东南缘，包括部分内蒙古草原和闪电河（滦河流经沽源称“闪电河”）以西的坝西地区，包括沽源县全境、丰宁县的坝上部分、张北和康保县的绝大部分以及内蒙古太仆寺旗和多伦县部分地区，为干草原带。本区属封闭的内流区，气候干旱，雨量稀少，地带性土壤为栗钙土。

土壤是在母质、气候、生物、地形、时间因素及人为活动等诸多因子共同作用下形成的，在生物气候生境条件下，产生了调查区域地带性土壤——栗钙土。

1. 地形与母质

本区属内蒙高原的南缘，海拔高 1 300~1 700 m。受地质内外营力作用，形成南部的坝缘山地，北部的剥蚀残丘和中部的坡梁和大小盆地及湖淖相间排列，为典型的波状起伏高原地貌。成土母质多为中生代和新生代喷出的玄武岩、安山岩、流纹岩和古老的变质岩、花岗岩类残坡积母质，中部盆地部分为近代河流、湖相沉积物，波状起伏的高原地貌和长期遭受剥蚀、搬运、堆积的母质，造成栗钙土质地偏轻，土层厚薄不均。

2. 气候

本区属东南亚温带大陆季风气候区，一年中主要受控于蒙古高压气流，年平均气温 1.2~3.5℃，年降雨量 400 mm 左右，年蒸发量 1 700 mm 以上，年光照总时数 2 800 小时以上，干燥度 1.3 左右，无霜期 80~120 天；表现为冷凉、干燥多风、日照长、无霜期短，多发生干旱、霜冻、冰雹、风蚀等灾害性气候。干旱、多风、强蒸发的气候特征，为土体产生弱淋溶、灰分元素和盐类聚积提供了条件。

3. 植被

本区为干草原带，以克氏针茅为代表群系，建群种为典型旱生或广旱生植物组成，其中以丛生禾草为主。在灌木中有小叶锦鸡儿和北芸香，但数量不多。在低湿的盐渍土上，又有芨芨草与其他旱中生多年生草本植物构成的盐生草甸。这一植被类型是在特定的生境条件——水分不足、冬季低温、水热条件变化剧烈等情况下长期演化造成的。

4. 人为影响

风蚀的地质过程和人为影响（主要是盲目垦种）对栗钙土性状影响很大，尽管这些影响主要是在土体表层和上部，但年深日久也明显影响到整个土体性态特征，使得有的地方栗钙土低级分类差异大，甚至影响到高级分类的变异。例如，由栗钙土→粗骨土，栗钙土→风沙土。

3.11.3 典型草原栗钙土成土过程特点

1. 栗钙土概念

温带半干旱草原下具有栗色腐殖质层和碳酸钙淀积层的土壤，剖面特征是上部呈栗色，下部有菌丝状、斑块状或网纹状的钙积层，典型的剖面构型为 Ah-Bk-C（图 3-49）。腐殖质表层厚度为 25~45 cm，有机质含量多在 1.5%~4.0%；腐殖质层以下为含灰白色斑状或粉状石灰的钙积层，石灰含量达 10%~30%。栗钙土可以分为普通栗钙土、暗栗钙土、淡栗钙土、草甸栗钙土、盐化栗钙土、碱化栗钙土及栗钙土性土。

干草原植被的特点是：第一，地上生物量干重 450~1 800 kg/hm^2，地下生物量为地上的 10~15 倍，主要分布在 30 cm 表层中，所以干草原区的植物根系量更大。地上凋落物一年左右便可腐解，地下部分每年死亡腐解 35%~40%。草原植被吸收的灰分元素中除硅外，钙和钾占优势，对腐殖质的性质及钙在土壤中的富集有深刻影响。

2. 栗钙土成土过程特点

（1）碳酸钙明显聚积　除地处坝缘山地暗栗钙土和某些坡梁地栗钙土 $CaCO_3$ 能遭垂直或侧向淋失或侵蚀严重，土壤发育差的情况外，一般栗钙土在距地表 20~50 cm 以下均出现厚度不等的钙积层（白干土层）。

究其原因：① 母质及地表水、地下水钙源丰富；坝上残坡积母质中，玄武岩（第三纪汉诺坝组含有较多钙元素的辉石、橄榄石、斜长石、钙长石等矿物）占很大比重，此外还有次生黄土和钙质胶结次火山岩风化物。地下水为碳酸—重碳酸镁型，故土壤溶液为钙盐基饱和。在地势低洼、排水不畅和半干旱气候蒸发量大的情况下，长期浓缩脱水聚积成白干土层。② 半干旱气候、干旱少雨弱淋溶。③ 干草原植被残体中钙含量高，使土壤“获得”钙元素（据陈佐忠等同志对内蒙栗钙土大针茅植物群落分析，集生禾本科植被地上部分元素为 N—Si 型，地下部分为 Si—Ca 型，地下部分干物重为地上部分的 7.9 倍，故草原植被腐解后，为栗钙土提供了充足的钙源）。

◆ Ah 层：厚 25~50 cm，暗棕色至灰黄棕色（7.5YR3/3~10YR5/2），沙壤至砂质粘壤，粒状或团块状结构，大量或根及半腐解残根，向下过渡明显。

◆ Bk 层：厚 30~50 cm，灰棕至浅灰色（7.5YR6/2~10YR7/1），砂质粘壤至壤黏土，块状结构，紧实或坚实，植物根稀少，石灰淀积物多呈网纹、斑块状，也有假菌丝体或粉末状。向下逐渐过渡。

◆ C 层：因母质类型而异，洪积、坡积母质多砾石；残积母质呈杂色斑纹，有石灰淀积物；风积及黄土母质较疏松均一，后者有石灰质。

图 3-49　典型栗钙土剖面

2. 人为因素

（1）盲目开垦，草原面积减少，水土流失严重 从20世纪五六十年代以来，随着坝上人口的剧增，粮食需求量越来越大，迫使人们大面积开垦草原。据调查，从新中国成立初期到现在，坝上草原面积减少了1/2，现在可利用草场只占总土地面积的35%左右。开垦的草原，在最初的几年产量较高，但土地越来越瘦，产量低而不稳，有的年份甚至入不敷出，人们只得广种薄收或弃耕再垦。弃耕后的土地，只能生长一些饲用价值低、适口性差的牧草。

（2）超载过牧，草原退化严重 草原面积减少，而牲畜数量却在逐年增加，为满足牲畜食草需要势必加大牲畜放牧强度，造成牧草没有休养生息的机会，使草地生态系统失控。超载过牧的后果必然使土壤坚实，水分不易渗入，空气难以流通，根系发育不良，破坏了牧草的正常生长。草场即逐步旱化、沙化、盐渍化。据有关调查，坝上退化草场面积占草场总面积的80%以上，总的趋势是西部较东部严重，而且有日趋扩大的趋势。由于草场退化，导致草群成分发生变化，原来的建群种或优势种逐渐衰退或消失。现在该地区成片羊草越来越少，产草量也逐年递减。

现在打草场、放牧场草层高度均比20世纪60年代初期矮50%以上，覆盖度一般减少了30%~50%。由于草地退化，风蚀水蚀现象也很严重，据有关测定，坝上每年至少有2~3 cm的土层被剥蚀，比其他原因造成的水土流失速度快，面积大。植被破坏以后，不少地块已经沙化，加剧了干旱。

（3）人为因素的渗入明显增快 由于过度放牧，草原利用不合理。多年来，人们依附于利用天然草原，用草不养草，造成养用脱节。特别是单纯追求存栏数，不计经济效果，造成草畜矛盾日益加剧，这是长期未能彻底解决的问题。

在草原利用上，打草不留母草带，早打、抢打、乱牧、抢牧现象也很严重。有些地方长期吃“大锅饭”，尤其是一些靠近村屯、饮水点附近的放牧场几乎成了不毛之地。加上滥垦，畜种、畜群结构配置不够合理，林牧结合不协调等人为因素的影响。造成本来就脆弱的草原植被破坏和退化的后果更加日趋严重。它不仅使草地生产能力及载畜能力下降。而且使环境进一步恶化。如大风日数和灾害性气候几率增加，野生动物迁徙和消失等等，可以说掠夺性经营已经超过草场的承受限度。草地畜牧业正处于高耗、低效、恶性循环的状态。

3.11.5 草原保护与防治对策

（1）宣传有关法律，提高公民的环保意识 开展经常性草业科学普及宣传，改变社会的传统观念。深入贯彻实施《草原法》，同时注意完善各种形式的管理实行责任制，推动草地建设工作的发展。

（2）培育和改良现有的天然草场 围封草场，恢复草原生产力，缓解畜草矛盾。一般来说，在草场生产力没有遭受到根本性的破坏前提下，围栏效果是显著的。但值得说明的是围栏要有全局观念，避免盲目性。如果围栏面积过大，势必造成围栏内外利用差异过大，使围栏外草场出现加速退化的恶性状况。实践证明，在围栏内适时刈草和组织划区轮牧是减缓草畜矛盾的一项有力措施。

在退化较重的草场上单一的围栏效果是不显著的，应该施以一定的改良措施。如对草场进行人工补播，即在不破坏或少破坏自然植被的前提下，在自然草场上播种一些有饲用价值的，适合当地条件的优良牧草。如在该区各地实行的人工补播的沙打旺、紫花苜蓿、二色胡枝子等优良牧草，已收到明显效果。此外，一些新技术的应用，如用“深松复壮机”改良退化羊草地，对草场灌溉、喷灌、根部施肥和叶面喷 $ZnSO_4$ 等，也均取得良好的效果。

除此之外，大力开展人工种草，充分挖掘草场潜力是解决坝上冬春季饲草不足，减缓草畜矛盾的又一条积极可行的措施。

（3）调整畜群结构，控制载畜量，发展季节畜牧业　调整畜群结构、控制载畜量以及发展季节畜牧业，是减缓草畜矛盾的又一重要方向。从坝上目前的草资源现状看，该区目前普遍存在草地利用单一，牧羊较多，羊、牛兼牧较少。因羊善于采食低矮牧草就使得高大牧草及牛喜食的菊科、莎草科、苔属、蔷薇科、十字花科和伞形科等类草不能被充分利用。牲畜尤其是牛、羊的结构比例，未按草地植被类型合理安排，做到适草适畜，而是乱群、乱牧，草地生产力未能得到充分发挥。应该提倡在控制和减少载畜量的基础上，调整畜群结构，一改过去那种“小而全”的畜群结构，发展以羊、兔为主的“四小养”，控制大家畜饲养量。同时应该根据坝上牧草生长期短，每年家畜只能放牧青草 4~5 个月的特点，利用牧草的自然生长优势，在牧草生产旺季加速牲畜育肥，冷季来临前屠宰。这样既可提高畜牧业经济效益，加速畜群周转，又可减轻冬季饲草供应的压力。

此外，可以利用坝上优越的地理位置，即距京、津、张、石等大中城市距离较近的特点，根据市场需求来调整畜牧业生产。也就是将商品机制引入畜牧业生产，积极建立一些畜产品生产加工基地，这样草地畜牧业的效益就会成倍提高。

总之，坝上草场生态系统已经发生演变，要充分合理地利用坝上的草地资源，建立一种半农半牧农业系统的新的草畜平衡及良好的生存环境，就必须要求我们要从草的方面入手，改良现有天然草场，建立人工草地，广辟饲料来源。应调整畜群结构，控制载畜量，改善家畜品质，发展季节畜牧业，搞好宣传工作，做好智力投资。只有这样才有可能使坝上的畜牧业生产向良性方向发展，才能使草场沙化、干旱、盐渍化方面有所改善，维护大自然的生态平衡。

3.11.6　草原植被与草场退化保护

坝上是冀北高原的通称，包括沽源、张北、康保三个县和尚义、丰宁、围场三个县的部分地区，总面积 176.86 万 hm^2。该区处于内蒙高原—燕山山地—华北平原的过渡带，季风气候与大陆气候、干旱与半干旱、农区与牧区的交接带，具独特的熔岩台地与剥蚀高原地貌。以闪电河为界，西部为寒温带半干旱干草原区；年均气温 2.2℃；年均降雨量 374 mm，年蒸发量 1831 mm，蒸降比为 4.9；年均大风天数 59.1 天；年光照总时数 2 928.1 小时，≥ 10 ℃

积温 1 935.9 ℃；干燥度 1.28；无霜期 100.8 天；为干草原型天然植被。

坝上高原栗钙土可分为 6 个亚类，总面积为 127 万 hm^2，占全区面积的 70%。

（1）暗栗钙土　主要分布在海拔 1 500~1 900 m 坝缘山地、山谷、山麓地带，成土母质为花岗岩、片麻岩、正长岩、变质岩、流纹岩、玄武岩等残积坡积物、黄土状物质与洪积物。

（2）普通栗钙土　主要分布在海拔 1 350~1 750 m 的坝缘山地、丘陵区，母质为片麻岩、花岗岩、流纹岩、流纹质凝灰岩、玄武岩、安山岩、正长岩、页岩、板岩、片岩、砂岩、石英岩、白云岩等岩形成的残积、坡积物、第四系黄土、第四系洪冲积物。

（3）草甸栗钙土　主要分布在坝上沿河两岸的下湿滩、二阴滩与疏缓丘陵的丘间宽谷地带，海拔为 1 300~1 450 m，母质为河流冲积物。

（4）盐化栗钙土　主要分布于坝上海拔 1 250~1 450 m 的二阴滩、沿河两岸、湖沼周围及二阴滩与下湿滩交接部位，母质为洪冲积物。

（5）碱化栗钙土　主要分布于坝上高原、海拔 1 300~1 450 m 二阴滩部位，母质为冲积物。

（6）栗钙土性土，分布于海拔 1 500~1 750 m 的坝缘山地与疏缓丘陵地带的阳坡及顶部，母质为花岗岩、片麻岩、花岗斑岩、流纹岩、玄武岩、安山岩、闪长岩、灰绿岩、石英岩、石英砂岩、砂砾岩、石灰岩、白云岩等岩系残积坡积物。

3.11.7　现场实习内容与要求

（1）用 GPS 测量地理位置：N________，E________，H________。

（2）该地形属于______________________。

（3）用照相法估测植被覆盖度：_____%，_____%，_____%，_____%，_____%。

（4）该草原主要植物种类包括：_____，_____，_____，_____。

（5）观察自然土壤剖面：

	第 1 层	第 2 层	第 3 层	第 4 层
深度（cm）				
名称				
颜色				
质地				
结构				
石灰反应				

思考题

（1）泥河湾盆地如何形成？

（2）泥河湾沉积物有哪些特点？

（3）大同火山群是如何形成的？

（4）大同火山群是什么年代形成的？

（5）火山喷发物有哪些类型？

（6）大同火山群有何利用价值？

（7）华北地貌形成的物质基础是什么？简述之。

（8）什么是新构造运动？恒山是如何形成的？

（9）恒山主峰的岩性特征如何？

（10）草原土壤有哪些类型？主要的分类基础是什么？

（11）草原土壤具有哪些特点？分析该草场退化的主要原因。

（12）简单介绍典型草原栗钙土土壤的成土过程。

（13）目前坝上草原受到哪些危害？简述你考察过程中见到的保护措施，并阐述你的观点。

参考文献

白中科，赵景逵，李晋川 . 大型露天煤矿生态系统受损研究——以平朔露天煤矿为例 [J]. 生态学报，1999, 19（6）: 870–875

北京市地质矿产局 . 北京市区域地质志 . 北京：地质出版社，1991

北京市地质矿产局 . 北京市地质图（1 ∶ 200 000）. 北京：地质出版社，1991

蔡向民，栾英波，郭高轩，等 . 北京平原地区地质系统 . 理论探讨，2009，4（3）：6–11

陈永宗 . 黄土高原现代侵蚀及治理 . 北京 : 科学出版社，1988

程东，沈芳，柴东浩，程保洲 . 平朔露天矿太原组 11# 和 9# 煤层的沉积环境分析 [J]. 高校地质学报，1997（4）：465–472

邓广华 . 山西旅游地质 . 北京：地质出版社 ,2007

高向军 . 土地开发整理项目典型调查与评价 . 北京 : 地质出版社，2008:151–154

胡振琪 . 露天煤矿土地复垦研究 . 北京 : 煤炭工业出版社，1995

李晋川，白中科，柴书杰，等 . 平朔露天煤矿土地复垦与生态重建技术研究 . 科技导报，2009, 27（17）:30–34.

刘东生，等 . 黄河中游黄土 . 北京：科学出版社，1964

刘东生，等 . 黄土与环境 . 北京：科学出版社 ,1985

陆景冈，等 . 旅游地质学 . 北京：中国环境科学出版社 ,2003

闵隆瑞，迟振卿，等 . 河北阳原盆地西部第四纪地质 . 北京：地质出版社，2003

王孟本 主编 . 山西省黄土高原地区综合治理规划研究 . 北京：中国林业出版社，2009

王永焱，等 . 黄土与第四纪地质 . 西安：陕西人民出版社，1983

吴忱著 . 华北地貌环境及其形成演化 . 北京：科学出版社 ,2008

吴文祥，刘东生．泥河湾与黄土高原地层对比及其旧石器文化序列． 地球科学进展，2001：43–48

熊远喜，熊勇．煤矿从业人员安全培训教材．气象出版社，2008:29

杨景春，李有利．地貌学原理．北京：北京大学出版社，2005

张凤荣．土壤地理学．北京：中国农业出版社，2002

第 4 章　华北东部地区实习

4.1　概述

华北东部沿海区实习路线即为实习东线。此路线从北京出发，先到天津，再依次到秦皇岛的昌黎县、北戴河、抚宁县，然后返回北京（见图 1–1）。东线的主要实习内容包括：观察天津淤泥质海岸与滩涂地貌，认识天津盐碱地利用改良和滨海生物群落与分布特征；观察秦皇岛昌黎县砂质海岸与风积沙丘地貌的成因及地貌特点、潟湖滨海区地形及分带；认识秦皇岛北戴河石质海岸地貌的形成及其特点；了解秦皇岛抚宁县石门寨的山地特征及土地利用状况。东线实习路线分布于我国地理第一级阶梯，以海岸地貌类型为主，为半湿润气候区，具有丰富多样的植被种类、滨海地区湿地等多种生态和农业利用类型。通过东线实习，可以对滨海区地貌类型及其特征、生物群落、土地利用和农业利用都有直接的、深刻的认识。

4.2　天津淤泥质海岸与滩涂资源开发利用

4.2.1　天津淤泥质海岸

目前，全球有 12 亿人分布于距海岸线 100 km 以内、海拔 100 m 以下的沿海地区，更有超过 1 亿人生活在海拔高度不足 1 m 的海岸线附近。这是一个人口集中、经济发达、环境脆弱的地带。

天津滨海新区及渤海湾沿岸的河北省曹妃甸地区（及冀东油田）、黄骅港地区近年来呈现出极为强劲的经济发展势头，一些经济学家预言，该地区将成为中国经济发展的“第三极”。

长期以来，一直处于地质环境条件不良背景下的渤海湾海岸带，现在又要面对全球变化的新挑战。2007 年 12 月 1 日，国家海洋局根据对全国 56 个验潮站的监测，指出近 30 年来全国海平面平均上升了 9 cm，天津沿海上升了 20 cm。到 2050 年时，全国海平面还将上升 13~22 cm，而天津沿海将上升 30~60 cm。2008 年 1 月中旬公布的 2007 年《中国海平面公报》，对今后 10 年的变化趋势做了预测：未来 10 年，中国沿海海平面将比 2007 年上升 3.2 cm，上升幅度介于 1.8~3.9 cm。一方面是全球环境恶化的大背景，另一方面是地区性大规模开发引发的区域环境的日趋严峻，两相交织，正在并必将对已经开始的大规模开发造成影响。

1. 淤泥质海岸定义

淤泥质海岸是由淤泥或杂以粉沙的淤泥（主要是指粒径为 0.05~0.01 mm 的泥沙）组成，多分布在输入细颗粒泥沙的大河入海口沿岸。西欧的荷兰和中国的渤海湾沿岸是世界上最著名的淤泥质海岸。这里地势平坦开阔，海滩宽达几公里，甚至十几千米。潮水退出之际，潮沟里小鱼、小虾成群结队，淤泥里各种蚶类、蛤类、海蚯蚓等也不停地蠕动觅食，恰似潮滩动物的乐园。

2. 淤泥质海岸特点

大多数淤泥滩土质肥沃，常被开发成为滩涂养殖的良好场所。渤海湾沿岸以盛产肉嫩味美的毛蚶、西施舌等贝类驰名中外。同时，淤泥质海滩又是晒盐的宝地，中国著名的塘沽盐场、苏北盐场等均位于淤泥质海岸地段。淤泥质海岸由于潮流作用常发育成潮沟，大型潮沟可开发成中、小型渔港。

淤泥质海岸地势平坦，海滨有大片低地泥滩，既便于引进海水又不易使卤水下渗，是开辟盐场极为有利的场所。华北地区雨水少，日照时间长，利用风车扬卤、太阳照晒或者煎熬，使水分蒸发，就能得到大量雪白的海盐。我国的淤泥质海岸很多地区被开辟成盐场。盐场大多建筑在高潮线后方的海滨低地泥滩上。盐场后方大平原多为洼地、盐水荒地，如果附近有河流经过，可以引进淡水灌溉，使荒凉的盐碱滩涂变成良田。著名的天津“小站稻”就出产于经过人工改造过的盐土地上。

渤海湾西岸是中国典型的淤泥质海岸带，是地质环境、生态环境最敏感、最脆弱的地带，它经受着海洋动力（波浪、潮汐、潮流）、入海河流、气候、温度等一系列自然因素无限循环的作用，接受着侵蚀或淤积。同时，近年来人类活动又极大地影响了它的变化速度和方向。20 世纪 80 年代以来，渤海湾西岸渔民在潮间带挖掘虾池，人为将 MHWST（平均大潮高潮线）岸线向海推进，打破了原有的海、陆平衡，致使大量泥沙从潮间带入沿岸流水循环，淤塞天津港、黄骅港等沿海港口；另外，河流入河口建闸后，改变了潮汐河道的性质，使闸上、下严重淤积。总之，近百年来，已经发生了我们称之为“缓变型地质环境变化”中的“相对快速变化”。原有的湖泊、湿地与盐沼已经消失或萎缩、人口剧增、贝壳堤等天然地貌被破坏、MHWST 岸线后退、潮间带拓宽、入海河口与潮间带上部被淤高、淤平。这一地区又是经济发展及生态环境极其重要的地区，是很多鸟类和野生动物的栖息地。

3. 淤泥质海岸变迁

近百年来渤海湾西岸海岸线变迁过程，自北向南可分为以下几种情况。

（1）天津新港岸段　淤进海岸，特别是 20 世纪 80 年代以后，由于港口建设，人为作用更加剧了岸线的淤进，使海河口地区由内凹的喇叭形淤积而凸出的鹰嘴型。

（2）驴驹河至唐家河岸段　海岸线变化分为两个阶段。1951 年前，海岸线被侵蚀；1951 年后，岸线慢慢向海淤进。1926—2000 年近 80 年间，岸线侵蚀、淤积基本平衡，表现为稳定海岸。

（3）唐家河至前唐堡岸段　1926—2000 年近 80 年间，为淤积海岸；近 20 年来，由于修建虾池等人为作用，淤长速度加快。

（4）徐家堡以南至老狼坨子岸段（包括大口河岸段）　为蚀退海岸。

4.2.2　天津滨海淤泥质海岸生态系统分析及修复

1. 淤泥质海岸生态系统的功能

淤泥质海岸是由粉沙和淤泥堆积的低缓、平坦海岸，海岸线平直，岸坡平缓，浅滩宽广，受潮汐作用影响较大。主要分布在泥沙供应丰富而又比较隐蔽的堆积海岸段，如大河的下游平原、构造沉降区、岸外有岛屿掩护的海岸段和有大量淤泥供应的港湾内。它是海岸演化历史中不同阶段的产物，可以反映重要的地质过程、生态系统过程、生物进化过程以及人类与自然相互作用的过程。在我国渤海沿岸广泛发育有淤泥质海岸。

淤泥质海岸带生态系统的主要功能体现：①控制该区域内的水分循环，调节区域乃至全球 C、N 等元素的生物地球化学循环；②具有生物生产力，分解进入该区域内的各种物质，作为生物栖息地。对于人类来说，这些功能体现的价值包括：生物多样性的生境、过滤和分解污染物，改善水质，为人类提供食物（如海产品等）和旅游地点等。

2. 淤泥质海岸的退化

退化的生态系统是指生态系统在自然或人类活动影响下形成的偏离自然发展状态的系统。与自然系统相比，退化的生态系统在生物的种类组成、群落或系统结构等方面发生了改变，生物的多样性减少，生物生产力降低，沉积物和微环境恶化，生物间相互关系改变。

不同的生态系统类型，其退化的表现形式是不一样的，例如外来种的侵入、人为干扰下本地非优势种取代历史上的优势种，生物的多样性发生改变等。在天津市塘沽驴驹河潮间带四角蛤蜊取代毛蚶而成为该区的优势种。

（1）自然因素　在各种干扰因素作用下，淤泥质海岸极易退化而且不易恢复。淤泥质海岸带生态系统退化的主要原因有物理、生物和化学等 3 个方面，具体表现为：围海造地用于工业、交通和城市建设等用地；人工修建防波堤和海防公路改变了潮汐和沿岸流的水动力条件；过度捕捞和滩涂资源过度开发；废弃物的堆积和污染物的排放等。其退化过程和程度取决于干扰的强度、持续时间和规模等。因此，需要人类保护和恢复生态环境，这是非常必要和重要的。

（2）人为因素　人类的活动加剧了海岸环境的污染。环境污染又会影响海洋生态系统各个层次的结构、功能和动态，进而导致海洋生态系统退化。海洋环境污染物对海洋生物多样性的影响主要表现为：一是由于海洋生物对突然发生的污染在适应能力上可能存在很大的局限性，造成部分生物的灭绝，使生物的多样性丧失；二是污染物会改变海洋生物原有的进化和适应模式，生物多样性可能会朝着污染主导的条件下发展，从而偏离其自然演化的轨道；三是环境污染会造成生物多样性在遗传、种群和生态系统 3 个层次上降低。

3. 退化淤泥质海岸生态系统修复

退化淤泥质海岸带生态系统修复是指通过生态技术或生态工程对退化的淤泥质海岸带生态系统进行修复或重建，再现干扰前的结构和功能，以及相关的物理、化学和生物学特性，使其发挥应有的作用。它包括控制陆源污染物的排放，禁止捕捞或实行休渔，改善底栖生物栖息地，增加鱼和贝类的产量，迁移海水中的富营养物以及有毒物质以净化水质。

（1）海岸带生态修复的限制性因子　海岸带是海陆过渡地带，是海岸水动力和海岸带岩石圈相互作用的产物。海岸带生态环境的主要特点是陆源物质、大风、潮汐和各种海洋性气候带来的附加影响。海岸带是一个开放系统，既与大陆相连，又是海洋的重要组成部分，具有独特的地形特征。气候变化小，易受到风暴潮、潮汐等极端气候和自然灾害的袭击，生境多样性较高，这些特征导致了海岸带有特色的生物适应及营养循环，同时也形成了淤泥质海岸带修复的限制性因子：生物资源缺乏、水质污染、过度捕捞和修建人工堤坝。

淤泥质海岸修复的短期利益包括重建生产、生活和生态系统，保护稀有种，避免物种的消失。修复的长期利益包括重建海岸带的生物群落，再现海岸带生态系统的营养循环，恢复海岸带的进化过程。

（2）淤泥质海岸带修复过程　包括了解海岸带退化前的物理、化学、生物、气候、文化和经济背景；确定修复的目标和恢复过程；开发适合于淤泥质海岸带修复的技术；制订淤泥质海岸带修复计划并实施；改造生态环境并引入适宜的乡土种；淤泥质海岸带修复后的管理等。目前，在天津塘沽驴驹河和高沙岭海区已经引进了沙蚕、河豚、杂色蛤、青蛤和毛蚶等生物种类对海岸进行修复。

4.2.3　沿海滩涂

滩涂是一种处于动态变化中的海陆过渡地段。滩涂是中国重要的后备土地资源，具有面积大、分布集中、区位条件好、农牧渔业综合开发潜力大的特点（图 4–1）。对沿海滩涂进行开发，不仅能充分利用土地资源，还能充分利用各种矿产、生物及其他海洋资源。

图 4–1　天津滨海滩涂景观（李贵桐 摄）

滩涂资源作为后备土地资源为我们提供了赖以生存的广阔空间，我们必须科学合理地开发利用和保护，按照生态环境相容性原则，在不破坏生态环境的基础上，实现“人与滩涂”和谐相处，走“既能满足当代人需求、又不危及后代人生存”的可持续发展道路；通过对植物品种的改良，提高其耐盐程度，增加其在滩涂开发利用中的作用。在滩涂开发上，还可以种植业与养殖业相结合，相互促进，增加滩涂的利用率。

滩涂是海滩、河滩和湖滩的总称，是河流、湖泊正常水位至洪水位间的滩地。在地貌学上称为“潮间带”。由于潮汐的作用，滩涂有时被水淹没，有时又出露水面，其上部经常露出水面，其下部则经常被水淹没。

目前，滩涂一般多指沿海滩涂。海洋行政主管部门将滩涂界定为平均高潮线以下低潮线以上的海域，国土资源管理部门将沿海滩涂界定为沿海大潮高潮位与低潮位之间的潮浸地带。对滩涂的表述虽然有所不同，但人们普遍认为滩涂既属于土地，又是海域的组成部分。

中国的沿海滩涂北起辽宁，南至广东、广西和海南的海滨地带，海洋滩涂总面积达 217.04 万 hm^2。在所有的沿海滩涂中以江苏省的滩涂面积最大，约 65.3 万 hm^2，约占我国滩涂总面积的 25%；其次是山东的黄河三角洲约 20.7 万 hm^2，珠江三角洲约 7.3 万 hm^2。这些滩涂均呈连片分布，是开发利用的重点。

国家海洋局数据显示，2004 年滩涂的利用率只有 20%左右，其利用率较低，将来还有很大的开发潜力。滩涂的利用主要是围垦。我国提倡和鼓励沿海地区利用滩涂围垦造田，扩大耕地面积，但是由于沿海淡水严重缺乏，滩涂改造成耕地成本高且效益低，越来越多的滩涂围垦丧失了造田的“初衷”，成为海水养殖的“乐园”，使得围垦造田或通过围垦达到土地占补平衡的愿望难以成为现实。围垦后的滩涂都是盐碱地，改造成耕地，需要大量的淡水冲洗多年才可用于种植。

4.2.4　沿海滩涂的开发利用

沿海滩涂是指淤泥质海岸的潮间带。从开发利用角度看，沿海滩涂不仅是潮间带，还包括潮上带和潮下带可供开发利用的部分。沿海滩涂既是渔民重要的生产生活基础，也是海洋生态系统的组成部分，同时还是沿海地区主要的后备土地资源。随着人口增长与经济高速发展，沿海地区的耕地资源量锐减，环境恶化、资源短缺与人民生活需求日益提高的矛盾不断尖锐。因此，沿海滩涂开发利用刻不容缓。未来 50 年，人们仍然有可能再造 10 000~15 000 km^2 土地的生存空间。沿海滩涂开发利用要以科学发展观为指导，实现因地制宜、科学合理地开发利用和保护滩涂资源，对于保护和改善海洋生态环境，缓解用地需求矛盾，促进经济、社会的可持续发展，都具有十分重要的战略意义。

我国是滩涂开发历史较长的沿海国家。我国沿海先后出现了诸如富中大塘和吴塘（吴王勾践所筑）、范公堤（苏北）、钦公堤（上海）等许多围垦的痕迹。滩涂开发一直都是海岸带开发的重要组成部分。

1. 滩涂的利用模式及其最大效用

我国滩涂利用模式经历了从“围垦—养殖—开垦”到“养殖—围垦—开垦”、从单一农业开发到综合开发的转变过程。目前在沿海滩涂地区普遍采用的模式有：①“农基渔塘”生产为主的农业综合开发模式；②保护性农业综合模式；③滨海盐碱土改良综合配套模式；④海水入侵综合整治模式；⑤滨海农田林网与防护林建设模式；⑥ 滨海草地综合改良模式；⑦ 滩涂立体种植高效用地模式；⑧ 滩涂养殖模式；⑨城镇园区开发模式；⑩滩涂资源非农产业（含旅游业、盐业及海洋化工业、港口与工业等）开发模式等等。如环渤海湾因地制宜地采用保护性农业综合开发、鱼塘一台田立体生态利用、农田生态林网建设、滨海草地综合改良、绿色环保产业与海水养殖、海侵防治保高产技术和生态旅游开发利用等模式进行滩涂资源的持续开发利用；江苏沿海滩涂资源开发大力发展“滩涂自然保护区—旅游开发和滩涂港口—工业区”的模式；盐城沿海滩涂开发采用“以农业为主，自然保护区为特色、港口和临港产业逐渐兴起”的模式。对于盐化滩涂区可以采用围垦～养殖～复垦的开发模式，脱盐滩涂区则以粮棉种植业结合低产田改造为主的发展模式。另外，滩涂的利用方式中，相当一部分用来发挥工程移民的作用，如江苏沿海滩涂就存在为南水北调工程安置移民的可行性。

总的来说，滩涂的开发模式研究主要集中在如何综合开发上。从现有的各种开发模式实施效果来看，尽管各种模式均考虑了对生态的保护，但对生态的破坏还是不可避免的。

2. 滩涂生物学开发的途径

（1）种植业开发　种植业是传统的滩涂利用模式，其主要方式为滩涂围垦。滩涂围垦过去曾促使了沿海地区盐、渔、粮、棉种植等传统产业基地的形成，现在对保持耕地的总量动态平衡仍起着重要的作用。

滩涂中盐的含量较高，可种植盐生植物。盐生植物类型不一，有专性的，只能生长在盐渍土壤上；有兼性的，在盐渍土壤和非盐渍土壤都能生长。有泌盐的，有稀盐的，还有拒盐的。各种盐生植物的耐盐能力相差很大，有的可以忍耐 2~7 倍于海水的盐度，有的只能忍耐相当于一般的耐盐的非盐生植物。

1963 年，我国成功引种大米草，现已广泛分布，北起辽宁盘山，南至广东电白均有分布。我国已是世界上大米草种植面积最大的国家。大米草具有巨大的开发价值，不仅具有促淤改土、围垦造田的作用，还具有消浪护堤、保港减淤，速成牧场、提供优质饲料及降解污染，保护生物环境的作用。我们还可以在滩涂上对其进行综合利用，开发其他的副业，为改造荒芜的滩涂开辟新的有效途径。1993 年起，江苏淮海农场东滩推广种植棉草、粮草间作，采取试验、示范、推广、应用相结合，改土效果显著，农业生产连年丰收，经济效益逐年提高。

（2）养殖业开发　滩涂养殖也具有许多优势，表现为生产设施投入少、成本低、生产稳定、效益好。滩涂养殖引起了各级政府和广大养殖户的重视。

泥泞的滩涂正在变成繁养特种水产的“聚宝盆”（图 4–2），为人们提供了巨大的经济价值。在滩涂中还可养殖虾、蟹、各种鱼类及各种贝类等。目前，养殖业开发还存在许多问题，主要有苗种供应不稳定；养殖比较粗放，且投入力度不大；养殖品种比较少，不能有效规避病害与市场风险；环境污染形势比较严峻等。未能走出一条符合自身资源特点的可持续发展道路。随着专属经济区制度的实施及中日、中韩渔业协定的生效，许多捕捞渔民被迫转产，其中很大一部分人转向了滩涂养殖，为此需要进一步合理发展滩涂养殖，产出更多的效益，实现滩涂开发与利用的可持续发展 。

图 4-2　天津滨海淤泥质滩地利用——养殖（李保国 摄）

4.2.5　开发沿海滩涂的生态响应

沿海滩涂生态环境由滩涂生态系统中的自然生态系统（自然保护区）和人工生态系统（垦区）组成。自然生态系统直接为生物生存和繁衍服务。人工生态系统是在改造自然生态系统的基础上为人类和其他生物服务的。

1. 对生态环境响应的限制性因素

围垦强度。围垦强度包括围垦的范围和速度。滩涂周围生态系统是脆弱的，其自我调节能力有限。围垦范围和速度超过垦区生态自我调节能力则势必破坏生态平衡。围垦后如果配

套措施跟不上，大面积围垦滩涂不能充分利用，没有形成新的稳定生态系统，而原有生态系统遭到破坏，将降低滩涂生态系统的稳定性和生产力，依赖于滩涂生态系统生存的动植物种类和数量也将会减少。

（1）排污量　滩涂围垦后海洋潮差变小，水动力活动和海水自净能力减弱。围垦后土地多用于工农业用途，如果大量使用化肥农药，且工业废水不处理排放，将导致排污量不断变大，从而加剧垦区及周围水体水质的恶化。另外，随着养殖面积的快速增加，养殖废水已成为近海海域的重要污染源。

（2）地下水开采量　滩涂围垦在海水入侵地带有一定的正效应，但是地表水体污染和水质恶化是垦区水环境的突出问题。新围垦区域土壤脱盐、垦区工业用水和农业用水不断增加，将造成地下水位下降、地面沉降和海水入侵，导致土壤盐渍化。

2. 对生态环境响应的表现

（1）积极响应

● 留水面：利用围垦区域扩大特色水产养殖，积极建设特色水产品出口加工区，构建优势产业和优势产业带，不但增加了对社会的供给，为区域经济发展提供了巨大的推动力，同时也保留了水面，对保护环境、调节气候有一定的积极作用。

● 强化自然保护区功能：作为林地以及生态保护的围垦土地，主要是用于扩大自然

保护区、天然湿地，建设沿海防风林以及种植护岸林草，这对维护海岸生态平衡、保护区域环境、促进旅游业的发展有一定的积极作用。经济价值低的滩涂湿地转变成兼具经济和生态效益的人工湿地与林地等，符合人与自然协调发展的要求，满足人类对经济和环境的双重需求。

● 阻止荒漠化：围垦后发展种植业，在很大程度上给沿海人民带来了效益。但如后续围垦时间过晚，滞后于滩涂的淤长速度，以致2次围筑的海堤之间的土地远高于内陆的海拔高度，将造成内涝不易外排，不便于引灌淡水到垦区进行灌溉，导致土地的荒漠化，对环境造成不良影响。因此，对不断淤长的岸段应及时围垦。

（2）消极响应

● 湿地减少、生物多样性下降：围垦会造成天然沼泽湿地面积减少，原来在潮间带和辐射沙洲生存的生物失去了栖息场所，种类和数量下降。人工种植和养殖使得单位面积的生物密度增大，但培育的物种单一，会造成滩涂生物多样性下降。

● 海岸水质恶化：沿海滩涂的开发利用将促进工业、农业、水产养殖业的发展，但如果污染源控制不同步，将对海洋尤其是海岸带来一定的影响，如氮、磷、有机质等污染物的排放会导致水体的营养物含量升高，致使海岸水质变差。

● 自然保护区面积压缩：沿海滩涂特有的自然环境便于成立自然保护区。这些保护区面积广阔，资源丰富，对区域内生物资源的保护有着非常重要的意义。但围垦施工和围垦后的开发利用可能会造成濒危、稀有生物栖息地面积有所压缩，活动范围减小。

● 减少和恶化底栖生物的栖息地：围垦活动对生物的影响主要是对生态环境的破坏和干扰。沿海地区分布有多个水产种植资源保护区，围垦活动会造成生物生存空间的累积性丧失和破碎化，直接减少底栖生物的栖息地。围垦活动增加的污染物如果处理不当，会使周围底栖生物的栖息环境受到影响。

4.3 天津盐碱地利用改良与滨海防护林带

4.3.1 滨海盐渍土

盐渍土是盐土、碱土、盐化土和碱化土的总称，工程上指易溶盐含量超过0.3%且具有盐胀性、溶陷性和腐蚀性等不良工程特性的土为盐渍土。按含盐类型，盐渍土可分为硫酸盐渍土、碳酸盐渍土和氯盐渍土；按所处的地理位置，盐渍土可分为内陆盐渍土和滨海盐渍土。滨海盐渍土主要分布在长江以北的江苏、山东、河北、天津、辽宁等省市的滨海平原区。渤海湾西岸为河北省和天津市的滨海平原区，滨海盐渍土具有地处湿热气候环境、海相沉积、地下水位浅、土颗粒细小、以氯盐为主和易吸湿软化等特点，其盐渍化特征与具有寒旱气候环境、陆地堆积或沉积、地下水位深、土颗粒粗大、以硫酸盐为主和土的溶陷性、盐胀性强烈等鲜明特点的西北内陆盐渍土有所不同。

盐碱土是盐土和碱土以及各种盐化和碱化土的总称。其中，盐土是指含有大量可溶性盐类而使大多数植物不能生长的土壤，其盐含量一般达 0.6% ~1.0% 或更高；碱土是指代换性钠离子阳离子代换量的百分率（ESP）超过 20%，pH 在 8 以上的土壤。实际上盐土与碱土常混合存在，故习惯上称之为盐碱土。

渤海湾西岸的滨海地区，其行政区在天津市的大港区、塘沽区、汉沽区、宁河县、津南区、东丽区和河北省沧州市的黄骅市、唐山市的丰南区和唐海县。渤海湾西岸平行海岸线分布有宽约 20 km 的滨海盐渍土，地下水位埋深为 1.5~2 m。地下水矿化度一般为 5~20 g/L，靠近海岸线的长芦盐场的卤化池地区达 70 g/L 以上。地下水位以上的盐渍土含盐量为 0.3%~1%，海岸线附近为 2%~3%，个别达 5% 以上，含盐类型主要为氯盐。含盐量的分布规律是：上层土含盐量明显高于下层土；表层土盐分高度聚集；潮间带土的盐渍化程度明显高于滨海平原土。

在第四纪地质时期的成陆过程中，渤海湾西岸的土颗粒在海相环境下沉积在近岸地区，形成了现在的滨海盐渍土陆地。盐渍土多为细颗粒的黏土和粉质黏土，吸附盐的能力较强，渗透系数为 10^{-6}~10^{-5} cm/s，毛细水上升高度大，滨海盐渍土盐渍化的成因主要是海水浸渍土颗粒所致。土盐渍化程度后期发生变化的原因：一是表层土以下的很浅处埋藏有高矿化度的地下水，盐渍土为黏性土，盐分随毛细水上升，使表层土盐渍化程度加剧；二是由于工程建设，使土中的水盐均衡条件发生改变，导致土盐渍化程度的变化；三是近岸陆地接受海风吹起的含盐水雾，加剧了表层土的盐渍化。

滨海盐渍土中的氯盐受土的含水率影响发生相态变化，产生结晶或溶化，引起土的盐胀或溶陷。土中的氯离子穿过混凝土保护层，锈蚀钢筋，锈蚀后的钢筋体积膨胀，使混凝土开裂。除此之外，滨海盐渍土中的钠离子较多，其水化半径大，能吸收大量水分，导致氯盐渍土常年处于潮湿状态。采用生石灰固化后强度可大幅度提高，但由于石灰的固化作用不能改变氯盐的赋存状态，盐分还会吸湿，使固化土逐步软化。

4.3.2　滨海盐渍土的盐渍化特征

1. 土盐渍化程度与地面高程的关系

盐分在土中运移的最高位置明显受毛细水上升高度的控制，所以表层土的盐渍化程度也就必然受地面高程的高低或地下水位埋深大小的影响。

（1）处于高潮地带（地表高程为 3~4 m）的潮间盐渍土，小潮时海水不能到达，土接受太阳热量多，土中水分有一定蒸发，土的含盐量就高。高潮带盐渍土 1 m 深度内土的含盐量由上至下分别为 2.64%、1.51% 和 1.40%。处于中、低潮带的潮间盐渍土，因经常被海水淹没，土含盐量明显低于高潮带的盐渍土。

（2）受日照蒸发和毛细水上升高度的影响，地面高程不同的地段，表层土的聚盐程度也不同。高潮带表层土的含盐量比 1 m 深度内土的平均含盐量高出 31%，而中潮带（地表高程为 2~3 m）和低潮带（地表高程为 1~2 m）表层土的含盐量仅高出平均含盐量的 17% 和 21%。

（3）大气降水溶化了地表的盐霜，雨水在黏性土中下渗缓慢，一部分雨水从地表高处向低处流动，高矿化度的地表水汇集在地面低洼处，待水分蒸发后，盐分残留于地表，使洼地的边缘处和洼地中的局部突出处成为盐分富集点。

2. 土盐渍化程度随气候条件的变化

渤海湾西岸滨海地区的气候属暖温带大陆性季风气候，四季分明。春季多风少雨，空气干燥，蒸发强烈；夏季高温，空气潮湿，降水集中；秋季温度适中，气候宜人；冬季寒冷多风，降水较少，表层土冻结。滨海地区的年平均气温为 10~13℃；年降水量为 600~700 mm，其中 60%~75% 的降水量集中在 6—9 月份；年蒸发量为 1 600~2 000 mm，蒸发量约为降水量的 3 倍，春季蒸发量约占全年总蒸发量的 36%；春季日照率达 65%~67%，太阳总辐射值达 40~44 kcal/cm^2，春季约占全年总辐射值的 33%。

气候条件的影响主要体现在热和水两方面。蒸发使盐渍土中的盐分上移、结晶，降水使盐颗粒下移、溶化，导致土的含盐量在深度剖面上发生变化。春季是蒸发强烈的季节，夏季降水集中且丰沛，因此，滨海地区气候条件对土盐渍化影响较为明显的季节应是春季和夏季。

自每年的初春解冻开始，地表下的浅层土温度低于气温，在太阳辐射和风力作用下产生强烈蒸发而返盐，表层土积盐强烈。强烈的蒸发使地下水不断沿毛细管上升，土中水分大量散失，到 5 月中旬达到最强。进入雨季，降水淋洗压盐，含盐水下渗，使表层土的盐渍化程度有一定的缓解。与滨海地区的气候变化同步，表层土的含盐量也呈现出季节性变化规律。

依据滨海盐渍土一周年的水盐运动规律，可将表层土划分为 5 个盐渍化阶段：①春季，强烈蒸发，含盐的毛细水上升，表层土处于强烈积盐阶段（3—5 月份）。②初夏，蒸发量和降水量的比值接近 1，表层土处于水盐相对稳定阶段（6 月份）。③夏季，降水淋洗，盐分下移，表层土处于脱盐阶段（7—8 月份）。④秋季，蒸发，盐分略有上升，表层土处于一般积盐阶段（9—11 月份）。⑤冬季，表层土冻结，水分以气态形式向上凝固，水气运动基本不带动盐分，表层土处于盐量均衡稳定阶段（12 月份至次年 2 月份）。

气候条件除影响盐渍土的含盐量变化外，滨海盐渍土中存在着大量的吸附性钠离子，其水化半径大，能吸收较多的水分，使氯盐渍土具有较强的吸湿性和保水性，滨海盐渍土场地常年处于潮湿泥泞状态。

影响滨海盐渍土吸湿的主要外界因素是空气的相对湿度。夏季和秋季的相对湿度一般在 40% 以上，此时易导致氯盐渍土吸湿软化。常规工程方法固化滨海盐渍土，因为没有改变氯盐的独立存在状态，固化后的土仍然会吸湿软化。就固化滨海盐渍土而言，在提高固化土强度的同时还应提高固化土的憎水性或采取隔水措施。

3. 土盐渍化的垂直分带与土的理化性状

滨海盐渍土质地的差异、机械组分的不同和孔隙大小等均可引起土聚盐程度的不同。砂质土的渗透性较好，土吸附盐和水的能力较弱，所以在水的作用下，砂质土脱盐速度较快，聚集的盐分相对较少。黏性土均质程度高、结构紧密、孔隙细小，对盐和水有很强的吸附力，不易脱盐，因此黏性土聚集的盐分相对较多。

在相同环境条件下，粉细砂、粉土、粉质黏土和黏土的平均聚盐系数（土吸纳盐的总量与同体积的水溶液溶解盐的总量之比）分别为 0.074，0.083，0.096，0.173。各类土聚集盐分的能力依次为：粉细砂小于粉土、小于粉质黏土、小于黏土。依据土的含盐量变化、地下水位埋深、受日照蒸发和大气降水的影响程度，自地表至地下水位，可将滨海盐渍土划分为 3 个不同聚盐形态和含盐量的盐渍化程度分区带：

（1）土蒸发浓缩聚盐带　埋深 0~0.5 m。日照蒸发时，水分被蒸发、盐分结晶留在土中，不断累积而形成强烈盐渍化土。大气降水后，土的积盐程度有所缓解。

（2）土含盐量变动带　埋深 0.5~1.5 m。蒸发时，以毛细管水向上输送溶盐，逐渐将盐分移送到土的上部。降水淋洗时，盐颗粒和土颗粒吸附的盐分又被移至下部。

（3）土饱水溶盐带　埋深 1.5~2.0 m。属于地下水位在汛期和非汛期的变动带，土颗粒在物理化学作用下吸纳一定量的易溶盐，盐类型与地下水溶盐一致，土的含盐量取决于地下水矿化度的高低和土自身的理化性状。

4. 地下水矿化度对土盐渍化程度的影响

地下水位埋藏深度和地下水的矿化度高低对土的盐渍化形成和发展起到了一定作用。地下水中的盐分从土层下部迁移到上部是通过毛细管水的垂向渗流来实现的，地下水输运盐分的能力随着土质和结构的不同、地下水位埋深和地下水矿化度的高低而有所不同。

地下水位埋深浅、矿化度高，上层土的盐渍化程度就高，反之则低。地下水位埋深小于 1 m，土的盐渍化程度随地下水矿化度的增加呈直线关系增加。地下水位埋深大于 1 m，因蒸发而引起土盐渍化的程度相对减弱，土盐渍化程度随地下水矿化度增加呈曲线关系缓慢增加。

地下水矿化度高，毛细水上升过程中携带的盐分就多，土的盐渍化程度就高，反之则低。地下水矿化度不同，因蒸发而从地下水中迁移到上层土中的盐量也就不同。地下水位埋深浅，毛细水上升高度占据整个上层土厚度的比例就大，上层土的盐渍化程度自然就高，反之则低。

5. 人类活动对土盐渍化的影响

人类活动引发土次生盐渍化的原因包括：灌溉不当引起的地下水位上升、植被覆盖程度、海水入侵状况和工程建设等。

渤海湾西岸滨海盐渍土地区主要为长芦盐场的盐田、海水养殖场和荒地，几乎不存在灌溉方式和植被覆盖程度对土次生盐渍化的影响。

天津滨海地区曾因大量抽取地下水引起地下水位下降，造成大面积的地面沉降。渤海湾的海水潮位一般为 4.2 m，滨海地区的地下水位高程为 1.5 m，近岸地区的海水入侵，将引起表层土盐渍化程度的加剧。河北省沧州市在 20 世纪 70 年代因农业灌溉而大量抽取地下水，形成的地下水降落漏斗已经波及黄骅市，引起近岸地区的海水倒灌，加剧了表层土的盐渍化。

4.3.3 滨海盐碱地利用改良

1. 盐碱地改良的制约因素

据资料统计，可将天津滨海盐碱地改良的制约因素分为以下 5 方面：

（1）成陆和垦殖年代短，土壤盐碱重　天津滨海地区位于退海成陆仅 500~700 年的海积平原上，现大部分土地是盐田、苇地和盐碱荒地，土壤含盐量大于 1.0%。部分已垦殖的农田，也因开垦年代短，土壤盐碱重，土壤肥力下降，影响了植物的正常生长。

（2）有机肥源不足 盐碱土体中有较多阻碍作物生长的盐类和碱类物质（如 NaCl，Na_2SO_4，Na_2CO_3，$NaHCO_3$）。缺乏有机营养物质的土壤团粒结构差，易板结，透水性、通气性不好，直接影响农林业对土地资源的有效利用。

（3）淡水资源匮乏　天津是中国淡水资源最匮乏的地区之一，人均占有地表径流量只有 311 m^3，不到全国人均的 1/8，水蒸发量是降水量的 3 倍，其淡水要靠长距离输送才能从其他地区获得。

（4）土壤潜育化作用强，水分物理性状恶劣　由于天津盐碱地地势低洼和季节性积水，土壤潜育化作用强，颜色灰暗，心底土有明显的潜育层，其水分物理性状恶劣，土温低，通透性差，不利于植物的生长和发育。

（5）土壤次生盐碱化严重　受人为因素影响，如破坏原有植被、开渠蓄水、过度施用化肥等行为都会加速土壤盐碱化和次生盐碱化过程，引起土体和地下水的水溶性盐类随土壤毛管上升水流向上运行且迅速在土壤表层累积，使原来非盐碱化的土壤发生盐碱化，或增强了土壤原有盐碱化程度。

2. 滨海盐碱地改良技术

（1）利用传统方法改良盐碱地

●物理措施方面：如地面覆盖技术可对土壤保温，减少其水分蒸发和缓解返盐现象；微区改土绿化技术可形成有效的淡化微区，在滨海地区应用广泛；也有研究者采用深耕细耙，改善土壤团粒结构，增强土壤透水透气性，降低其盐分危害。

●工程措施方面：选择“允许深度”理论作为铺设排盐管的指导依据，建立埋深浅管道、水平间距密集的浅密式排盐系统，形成滨海浅潜水淤泥质软基础条件下暗管水平排水，将工程排盐与城市排水完美结合 。

●化学措施方面：使用化学改良剂来改善土壤的酸碱度，增加土壤阳离子代换能力，降低土壤含盐量。在天津滨海盐碱地增施钾肥、磷肥，提高作物对盐胁迫的适应能力，降低土壤 pH，同时磷素可提高树木的抗盐性。再如石膏、粉煤灰、泥炭和风化煤及糖醛渣等改良剂的施用，不仅缓解土壤盐碱性，还提高土壤肥力。

●生物措施方面：采用生物措施进行盐碱地植被恢复，普遍认为是最有效的措施。不但发挥以森林为主的多种植被治理盐碱的生态效应，还促进了生态良性循环。天津滨海盐碱地的生物改良首选当地苗木（表 4–1），因为其不仅具有适应当地恶劣自然条件的优势，还具有较强的抗盐碱能力。

表 4–1　天津滨海盐碱地地区主要树种

树木类型	树　　种
乔木	毛白杨、旱柳、垂柳、洋白蜡、榆、栾树、臭椿、合欢、桑、构树、槐、刺槐、皂荚、毛泡桐、火炬、法桐、山桃、碧桃、晚樱、杏、山杏、杜梨、紫叶李、石榴、枣、银杏、圆柏、龙柏、侧柏、黑松、油松、白皮松等；灌木主要有迎春、连翘、丁香、榆叶梅、珍珠梅、毛樱桃、棣棠、月季、黄刺玫、蔷薇、玫瑰、海棠、山楂、紫穗槐、大叶黄杨、小叶女贞、紫叶小檗、金银木、接骨木、锦带花、猬实、木槿、紫薇、红瑞木、枸杞、醉鱼草、金叶莸、铺地柏、沙地柏等
藤本植物	爬山虎、五叶地锦、葡萄、金银花、美国凌霄、紫藤、葛藤、南蛇藤等
水生植物	香蒲、水葱、菖蒲、睡莲、千屈菜、芦苇等
草本地被植物	高羊茅、黑麦草、早熟禾、野牛草、结缕草、麦氮景天、萱草、玉簪、鸢尾、马蔺、福禄考、地被菊、荷兰菊、紫菀、蜀葵、芙蓉葵、蛇莓、诸葛菜等

（2）综合措施治理盐碱土　在长期的生产实践中，人们意识到无论采取任何单项措施防治土壤盐碱化的效果都是有限的，且不稳定、易反复。因此，加强天津滨海盐碱地改良综合技术的应用尤为重要。

结合滨海盐碱地综合治理技术指导，选择较成熟的造林营林技术，选用耐盐树种作盐碱土绿化的先锋树种，乔、灌、草相结合，强化盐碱土的生物积累和脱盐过程。在生产实践中，先粗放造林，再利用理化方法使土壤脱盐、培肥。在盐碱地区大面积营建防护林、水土保持林和水源涵养林等，发挥了较好的改良作用。

依据天津滨海盐碱地综合措施治理取得的初步成果，构建稳定的生态模型，也是当地盐碱地改良的有效措施之一。主要包括：集约经营型、林农间作型、林草间作型、客土填垫工程模式、原生荒土改良模式、废弃物利用土体再造模式、耐盐植物景观模式等生态模型。

4.3.4　天津滨海盐碱地改良新工艺

（1）废弃物资源化　面对天津滨海地区环境建设可持续发展中土源紧缺的现实，结合周边地区大量存在的海湾泥、粉煤灰、碱渣土等废弃物，可配置成一种新型种植基质代替农田客土。这 3 种固体废弃物的矿物组成含量丰富，单独或两种以上混合，可形成不同的土壤母质，再经过自然因素和人为因素的共同作用形成人工土壤。研究和实验结果表明，海湾泥与碱渣土或粉煤灰按 3 ∶ 1 比例混合最适宜当地盐碱地改良，同时，该配比基质在土壤改良和植物适宜性方面均优于滨海盐碱土，综合效益十分显著。

（2）快速改良肥的应用　天津地区使用的改良肥是有机—无机型复合混改碱肥料，可降低土壤 pH 及含盐量，提高植物成活率，供肥效果好，也有改良碱性与微咸水质的功能，对改良碱斑及缺铁黄化也有特效。天津开发区净水厂绿化工程的土壤含盐量为0.04%，土壤pH为8.5，属滨海重度盐碱地。施用改良肥（天津配方）40 t，按1 kg/m^{2}施用，播黑麦与高羊茅混合草坪4万m^2，一次成坪，草坪绿期可延长18~20天；用于小区绿化，树木成活率达到95%以上。

（3）培肥土壤　除种植绿肥、施用有机无机肥料和填埋生活垃圾外，还可就地取污水处理厂的生化污泥作为原材料，其含大量有机质和氮、磷等营养元素，且液态污泥中含有胶体物质，对土粒有胶结作用，易形成水稳定性土壤团粒结构。长期施用污泥不但增加土壤有机质含量，增强植物本身的抗盐能力，还能提高土壤的代换性能，从而减弱土壤盐分对植物的危害和防止脱盐过程中发生碱化。

（4）节水型盐碱滩地物理—化学—生态综合改良及植被构建技术　为解决天津滨海盐碱地因绿化换土而毁坏耕地的问题，天津有关盐碱地研究专家根据土壤毛细渗透的特性，成功试验了盐碱地绿化就地改造和盐土回填的技术。节水型盐碱滩地物理—化学—生态综合改良及植被构建技术是将水利与农田建设、降低和排除土壤盐分、引进耐盐植物和提高其耐盐能力相结合的水利工程、农业措施和生物技术集成的系统工程，其中采用有机肥料和草炭配施硫酸亚铁，提高了土壤肥力，增加了团粒结构，调节了土壤pH，使天津滨海盐碱土的土壤性质和植物生长状况在短时间内得到了改善。近年来，在中国华北滨海盐碱土（天津塘沽、汉沽、大港，山东东营）和苏北盐碱土（江苏启东）都陆续推广应用了此技术，取得了显著的生态环境效益和社会经济效益。

（5）容器苗造林　天津蓟县的容器苗造林发展前景良好，在阔叶树容器育苗造林方面取得了显著的成绩。近几年，蓟县每年采用容器苗造林达200万株以上，在干旱山地造林成活率和保存率均达到了95%以上。容器苗造林延长了造林时间，绿化速度快效果好，实现了当年育苗，当年造林，当年绿化的目标，最重要的是可使苗木对不良环境有一个适应阶段，提高了造林成活率。

综上所述，一方面，改良盐碱土的传统方法正以新形式灵活运用并获得良好效益；另一方面，通过科学试验，探索新科技和培育新耐盐植物，将这两方面合理结合，对于有效改良盐碱地现状有重要意义。

4.3.5　滨海防护林带

1. 滨海防护林

我国是海岸线较长的国家，北起辽宁鸭绿江口，南至广西北仑河口，大陆海岸线长达18 340 km。同时，我国沿海地区又是自然灾害多发的区域，一直面临着海啸的威胁和风暴潮的危害。加强海岸防护林体系建设对防御海啸和风暴潮等自然灾害具有十分重要的意义。

海岸防护林体系是包括海岸基干林带、农田林网、城乡绿化、荒山绿化和滨海湿地的“绿色系统工程”。它是由防风固沙林、水土保持林、水源涵养林、农田防护林和其他防护林等五类防护林体系组成的“防护林综合体”。

我国海岸主要分为砂质海岸、淤泥质海岸、石质（基岩）海岸和生物海岸四大类。砂质海岸主要由颗粒直径 0.1~1.0 mm 的沙子所构成，海滩外形通直而低平，滩地较宽且长。沙粒和沙丘经定向海风所搬运，逐年向内陆侵移和扩展，直接威胁沿海地区农业生产和居民点的安全。砂质海岸防护林在于防风固沙、改良土壤、保护作物、为农业的发展创造良好的环境条件。泥质海岸主要由颗粒直径 0.01~0.10 mm 的黏粒和粉沙所组成，包括大陆江河出海口泥沙沉积形成的滩涂及河湾泥滩和红树林淤泥海岸。石质海岸主要由岩石组成，其防护林应着重解决水土保持、水源涵养等问题。

2. 滨海海岸防护林体系结构配置

根据海岸防护林配置的原则，可建立灌草带、基干林带、滨海湿地、经济林木种植带、农田林网、梯田地埂水土保持林带和山地水源涵养林带等 7 带构成的海岸防护林体系。

（1）灌草带　自潮上线向内陆延伸 200~250 m，此范围植被稀少，覆盖度低，固沙能力弱，是飞沙的重要沙源，也是海防林体系建设的难点，应加快地表覆盖。

（2）基干林带　是第一道防风林带，以最高潮水位为标准，造林时，一般林带宽度 30.50 m，根据风害程度、树种配置，采取紧密、稀疏、透风三种方式因地制宜进行营造，针阔混交、乔灌草相结合。

（3）滨海湿地　湿地被称为地球之肾，滨海湿地对于保护生物多样性、抵御自然灾害、滞留与降解污染物、休闲、娱乐、科研等都具有巨大的服务价值。沿海地区应根据城市生态安全、滨海湿地生态系统保护和社会经济发展需要，建立滨海湿地生态系统保护区，修复和重建退化的滨海湿地生态系统，实现滨海湿地资源的合理利用。

（4）经济林木种植带　由于灌草带、基于林带的巨大防护作用，基于林带往里风速小、沙细、有机质含量增加，适宜经济林木的生长。

（5）农田防护林带　是以防风为主，起综合防护作用的农建措施。林带结构配置以疏透结构（透风系数为 0.4~0.5）为佳。树种的选择可考虑其经济效益，选择合适的经济树种。林带宽度为 6.15 m，由 3.5 行林木组成，主林带间距 100~300 m，副林带间距 300~500 m。风害较多地段，林带间距可略小些。根据不同气候带确定林网面积，在暖温带沿海地区防护林网面积一般以 10~13 hm^2 为宜，亚热带沿海地区在 6.6~10 hm^2，亚热带和热带沿海地区在 3.3~6.6 hm^2 为佳。

（6）梯田地埂水土保持林　在山区和丘陵区，为巩固地埂，减少水土流失，提高山地丘陵的水土保持能力，充分利用山地丘陵资源条件，振兴地方经济，可通过修梯田、反坡造林等措施种植一些经济林木，既因埸护坡，又产生很好的经济效益。

（7）山地水源涵养林　山地中上部水资源比较贫乏，干旱瘠薄，造林比较困难，可封山育林，采用容器苗造林或雨季造林提高造林存活率。

3. 功能作用

沿海防护林体系不仅具有防风固沙、防潮防雾、保持水土、涵养水源的功能，而且具有抵御海啸和风暴潮危害、护卫滨海国土、美化人居环境的作用，对于维护沿海地区生态安全、人民生命财产安全、工农业生产安全具有重要意义。

（1）防风功能　林带的防风功能是通过树木的枝、叶、树干使风力减弱。林带的结构不同，其防风作用也有差异。透风林带在三种基本结构中具有最好的防风性能，稀疏林带的涡旋范围比透风林带小。密闭林带防风效果也最小。密闭度不同，减风效果也有差异随着密闭度的增加，减风效果增大。但密闭度过大，紧靠林带背面的风速将大大减弱。与此相反，稀疏林带背风面的风速降低量小，但影响范围大。阔叶林带落叶后，密闭度减小，因此减风效果和减风区域都减小。比较准确的防风范围大致在从迎风面 5 h 到背风面 15~20 h 范围内。

（2）固沙功能　森林具有降低风速、抑制风沙流和拦截来自地面的沙粒的功能。防止风沙危害最基本的原则，是阻止大量密集沙粒的跃移运动。营造海岸防护林，就是为了使近地表风速降低到沙粒运动的临界风速以下，同时，还要减少跃移沙粒同其他颗粒碰撞的机会，从而使流沙固定。

（3）防潮功能　防潮林具有多方面的功能，由于树干的摩擦阻力使海啸和潮水的流速和能量降低，破坏力减弱。阻止漂流物的移动，从而减轻或防止由于漂流物的移动而产生的二次灾害。还能减轻或防止激浪引起的破坏。为了降低海啸和潮水的水势，减少破坏力，林带的宽度至少要 20~30 m。单独设置防潮林不能阻止海水入侵，在海岸侵蚀剧烈的地区，必须与防波堤、护岸等工程设施相结合，才能有效地预防海啸和潮水。

（4）防雾功能　我国东北地区的沿岸一些地区每年冬季都有发生在海面上的海雾侵入内陆。由海雾造成的日照不足和低温不仅引起农作物的生育障碍，而且还能引起船舶触礁和碰撞。分布面积较大的防雾林，可以在海面上发生的海雾向内陆移动的过程中充分发挥其防雾功能。这种防雾功能可以分为近距离功能和远距离功能。近距离功能又可分为雾粒捕获功能、热力功能和涡流功能。捕获功能，是指由风力吹来的雾粒与树木的枝叶相撞被直接捕获的功能。森林有相当大的蓄热功能，而且枝冠附近的气温往往比上部高。由于森林的存在可使涡流增加 10~100 倍以上，涡流的存在更增加了雾粒与树木枝叶的碰撞机会。由于上方的雾向下运动，也促进了对雾粒的捕捉。因此，在森林的后方（背风面）雾的浓度变小。

（5）防御海啸和风暴潮危害　2004 年 12 月 26 日，印度洋海啸爆发，印度南部的泰米尔那都邦是海啸的重灾区，而其中的瑟纳尔索普等 4 个村子，由于海边有茂密的红树林，400 多个家庭安然无恙。海啸的能量经过湿地中红树林、珊瑚礁等的消耗后，进入村庄的海水只是缓缓上涨，随后徐徐退却，这与瞬间席卷无数村庄的凶猛海啸形成鲜明对比。沿海森林植被对降低海啸的破坏力起到了至关重要的作用。我们可以通过采取建设沿海防护林体系等办法，来减轻甚至抵消这些灾害的破坏力。

4. 海岸防护林体系树种选择与营造技术

（1）树种选择

●沙岸防护林树种：我国北方沿海沙岸防护林常见树种有紫穗槐、柽柳、酸枣、黑松、侧柏、刺槐、绒毛白蜡、火炬树等。我国南方沿海沙岸防护林常见树种有木麻黄、湿地松、窿缘桉、大叶相思、黄槿等。广东省从 20 世纪 70 年代起选择窿缘桉、湿地松、大叶相思、琼崖海棠等树种在滨海沙地栽植，开展混交造林试验，丰富了防护林树种，改变了沿海防护林树种单一，林分结构不合理的现象，把过去单一的木麻黄林带，改变成多树种、多层次、结构更为合理的混交林，对控制木麻黄青枯病和多种病虫害的发生起到一定的作用。

●泥岸防护林树种：我国北方沿海泥岸防护林常见树种有胡杨、柽柳、白榆、沙枣、枸杞、龙柏、刺槐、绒毛白蜡等。辽宁省在泥质海岸带不同盐碱地试验区树种选择与造林工程试验表明：重盐土以柽柳为先锋树种，覆地膜可促进成活；苏打盐渍土以沙枣为优良改土树种，铺山皮土及压乱稻草有利于树木存活、生长；中盐土绒毛白蜡为耐盐的珍贵用材树种．掺沙可降低土壤盐分，能有效地提高苗期的成活率和保存率，这点亦被造林实践所证实。我国南方沿海泥岸防护林常见树种有木麻黄、落羽杉、池杉、水松、新银合欢、苦楝、窿缘桉、大叶相思、台湾相思、红树林树种等。红树林是生长在热带亚热带低能海岸潮间带上部，受周期性潮水浸淹，以红树植物为主体的常绿灌木或乔木组成的潮滩湿地生物群落。红树林在我国华南沿海成断续带状分布，枝叶繁茂，根系发达，红树林特有的支柱根、呼吸根、板状根纵横交错，形成一条具有滞缓水流、捕沙促淤、消减波浪、固结土壤四大功能的海岸防护林带，也常作为海岸堤防前消浪促淤的经济有效的天然生物工程措施。

●岩岸防护林树种：本类型主要造林树种有火炬松、刚火松、湿地松、马尾松、刺槐、板栗、大叶相思和台湾相思等。火炬松和刚火松适应性较强，生长表现显著优于黑松，可作为基岩海岸营造防护林和更新造林的重要树种推广利用。刺槐和板栗也具有较高的造林成活率，对基岩海岸的立地环境表现出较强的适应性。特别是板栗的经济价值高，可以作为混交树种，在土层较厚的地方种植。刺槐则可以与松类形成块状混交，以增强林分的稳定性。

（2）主要营造技术

●适当深栽，固沙造林：在砂质海岸，由于海岸沙地表土干燥和常风较大，适当深栽不但能使苗木吸收较深土层的水分，而且根系亦不易受风吹露出地面，有利于提高造林成活率和林木生长发育。苗木栽植深度应根据立地条件而定，一般在沙丘或风大地区，宜按原来的深度再加深 10~20 cm。固定沙地约加深 5~10 cm，而地下水位较高的平坦沙地和低洼积水地则宜浅栽。对于 3~5 m 高的流动沙丘，可进行全面造林固定流沙。高 10 m 以上的流动沙丘，由于地下水位低，沙丘过于干旱，造林不易成活，可用“前挡后拉，削平丘顶”的方法来固定沙丘。其方法是，在沙丘前面平地及迎风坡 2/3 以下的部位先进行雨季造林，称为前挡后拉林。作用在于减弱主风速度，又阻挡了造林部位的流沙向前移动。沙丘顶部不造林。任由风力将流沙顺向往前吹，经过一定的时间，沙丘上部的流沙被搬运到避风的部位，改变了沙丘的立地条件，然后全面造林，把流沙固定下来。

●先易后难，分批造林：选择地势平坦、湿润的地方先造林，沙粒粗、地下水位低的地方后造林。滨海地外缘营造的防护林，常受强风吹袭，还受海潮冲击，致使水土流失，威胁林带的稳定。在滨海基干林带造林完成后，海滩土在林带前积聚，再在林带前沿实行

图 4–4　盐地碱蓬群落（张洪军 摄）

图 4–5　碱蓬群落（张洪军 摄）

（2）景观特征　本区盐生荒漠景观以草本植物群落为主，高度一般不超过 100 cm。由于生境条件严酷，使得荒漠景观的植被类型单纯，种属稀少，种类组成十分贫乏，而且覆盖度小，植物生长低矮，没有明显成层现象，群落结构简单。碱蓬群落自身季相特点显著，不同季相景观变化有明显差异，随着季节更迭而呈现季相变化。

塘沽、汉沽、大港和开发区等重盐碱的土地上，盐地碱蓬和碱蓬 4 月份长出地面，呈现油绿，9—10 月份群落外貌变为红色后变为紫红色，地毯式草坪状分布，如一幅巨大的亮丽的紫红色地毯铺展在平阔的海滩上，黑色的滩涂、簇簇红色的碱蓬，饱和的色彩与奇妙的构图形成独特的盐生荒漠景观。

2. 盐生沼泽景观

（1）景观构成　本类型在滨海一带，从发生上均属次生盐沼植物群落，分布在低洼处，形成小洼淀或小洼塘，多是盐场废弃后留下来的长年积水的洼塘。其生境特点为常年积水，水中富含盐分，但不及海水咸，土壤潮湿沼泽状。

①盐沼芦苇群落　本群落所处湿地类型一般为淡水水域、半淡水、半咸水水域，水深不超过 1 m，在滨海新区分布面积较广，所有坑、塘、洼、淀及河流、沟渠两岸的地势较高处都有分布，常成片生长，平均可高达 150 cm 左右，生长势良好，生物量较高，覆盖度高达 70% 以上，其下土壤盐碱程度为轻，有着较强的水土保持能力（图 4–6）。

在塘沽、汉沽、大港和东丽区有大面积分布。

②盐角草群落　盐角草是专性盐生植物，在高盐浓度的土壤中能够生长，生理上具有抗盐特性，土壤盐分可引起其生理干旱，但由于具有特殊的形态结构特征，其从土壤中吸取大量盐分而不受其危害。

③碱菀 + 盐地碱蓬群落　分布在洼淀水塘四周，土壤沼泽化，含盐量很高，以碱菀为优势，构成盐沼植物群落（图 4–7）。

图 4–6　盐沼芦苇群落（张洪军 摄）

图 4–7　碱菀 + 盐地碱蓬群落（张洪军 摄）

（2）景观特征　此景观类型的特点是植物种类单纯，覆盖度大。由于土壤含盐量较高，本类型以草本植物群落为主。盐沼芦苇成片生长，平均可高达 150 cm 左右，其下第二层常伴有狗尾草群落，临水边缘分布香蒲。荡荡芦苇，一片青葱，微风徐来，绿浪起伏，形成“芦苇海”。春夏时节，芦苇与水面同色，呈现碧绿的景象；秋冬之际，芦苇一色金黄；花开时节鹅绒般的芦花，如霜似雪，掀起层层絮潮，呈现一幅生机盎然的景观。

3. 盐生灌丛景观

（1）景观构成

①柽柳灌丛：在本地区多生于重盐碱土上，常呈群生长。覆盖度达 50%，生物量很高，生长势良好。群落下层为翅碱蓬，长势良好密度较大，为良好固坡群落（图 4–8）。

②西伯利亚白刺灌丛：多分布于堤岸地势高处，土壤含盐量低。常集中成纯群落，但分布面积不大，群落覆盖度高达 95% 以上，生物量也很高。根系发达，为良好护坡植物，为本地区特殊地段稳定的植物群落（图 4–9）。

（2）景观特征　柽柳群落高 1~2 m，干红枝软，枝条细柔，纤细如丝，姿态婆娑，花小而密，粉红色，淡雅俏丽，自春至秋陆续开放，花色美丽花期长，可 3 次开花，开花时节颇为美观。

白刺群落高 1~2 m，4 月中旬新梢生长展叶，5 月上旬开花，6 月下旬果实由绿变红、变紫直至紫黑色开始成熟，7 月份果实成熟并开始脱落，11 月下旬落叶。其适应性极强，耐旱、喜盐碱、抗寒、抗风、耐高温、耐瘠薄，形成单优种群落，伴生植物较少，在土壤含盐量 1.2% 以上的地方偶见盐地碱蓬、翅碱蓬、柽柳、中华补血草等混生。

图 4–8　柽柳群落（张洪军 摄）

图 4–9　西伯利亚白刺群落（张洪军 摄）

4. 盐生草甸景观

（1）景观构成

①芦苇群落：群落总盖度 70%~100%，优势种为芦苇（图 4–10），伴生种有碱矛、鹅绒藤、藤长苗、打碗花、草木犀、莎草、稗草等。

②芦苇 + 碱蓬群落：群落总盖度 70%~80%，群落高度 50~100 cm。优势种芦苇，构成种碱蓬和狼尾草，伴生种有苣荬菜、苘麻、鹅绒藤、牵牛等（图 4–11）。

③芦苇 + 葎草群落　群落总盖度 90%~100%，群落高度 120~180 cm。优势种芦苇和葎草；构成种砂引草、萝摩、碱蓬；伴生种刺儿菜、山莴苣、艾蒿、酸模叶蓼、萹蓄、地肤、独行菜、茜草、阿尔泰狗娃花、紫花山莴苣、罗布麻、大米草、苣荬菜、藜等多种植物。

④獐毛草群落：分布在专性盐生植物群落的外缘，很少受海潮的影响，地势逐渐抬高，土壤逐渐脱盐。以獐毛为优势种，生活力极为旺盛，其特征是能生长在一定浓度（1.0%）的盐土生态环境中，吸取大量盐分，而不在体内积累，随蒸腾作用排出体外。

⑤马绊草群落：马绊草是盐生草甸比较典型的植被，在本区内分布较为普遍，在群落的局部环境中，有呈斑状或带状分布的盐地碱蓬、狗尾草等各群落的片段，这些片段与马绊草形成的小群落，反映了小环境的变化，该群落所在地区土壤含盐量的变化幅度为 0.623~

1.483%。此群落的优势种为马绊草，伴生种有盐地碱蓬和白茅等。

图 4–10　芦苇群落（张洪军 摄）

图 4–11　芦苇 + 盐地碱蓬群落（张洪军 摄）

（2）景观特征　本景观的群落类型较为单纯，由于区域生境条件比较均一，植物种类也较单纯。而且群落主要优势种与构成种不过 10 余种；群落还具有镶嵌性特点，由于区域内的微地形起伏，水分与盐分分布不均导致局部生境的不同。芦苇占优势的大群落中形成很多小的群落片段或群丛，如鹅绒藤、打碗花、莎草等形成镶嵌的景观。另外，由于土壤含盐量不同，含盐量高的地方，植物群落中易于形成小的斑块状群丛，芦苇数量明显减少，植株矮小；土壤含盐量低的地方，芦苇密度大，植株高，对盐碱生境也具有指示作用。

4.5　河北秦皇岛昌黎砂质海岸地貌

4.5.1　秦皇岛市概况

秦皇岛市地处河北省东北部，南临渤海，北倚燕山，地理坐标为北纬 39° 24′ ~ 40 ° 37′ ，东经 118 ° 33′ ~ 119 ° 51′ 。秦皇岛市辖三区四县，即海港区、山海关区、北戴河区、昌黎县、抚宁县、卢龙县和青龙满族自治县。市政府府驻地在海港区。距北京 280 km。

秦皇岛市地貌类型多样，有山地、丘陵、平原。海岸带从北至南呈梯状分布。山地和丘陵主要出现在北部的抚宁县、卢龙县和青龙满族自治县，海拔大多在 200~1 000 m 之间，属于燕山山脉东段。秦皇岛市海岸线长 126.4 km，其中 20.5 km 为基岩海岸，其余为砂质海岸。

本区冬季受蒙古高压的影响，当极地大陆气团向东伸展，则每隔 3 ~ 5 天就有强度不同的冷锋过境。夏季受亚热带太平洋气团控制，为降水的主要来源。北部和西部的山脉以及渤海对本区气候影响很大，有着海洋性气候的特征。

本区 1 月份平均气温 -6.1℃，7、8 月份平均温度 24.4℃，全年平均气温 9.9℃。年降水量 665.0 mm，近 4/5 的降水集中在 6—9 月份，其中 7、8 月份降水占全年降水 57%。常风向与强风向大致相同，一年中 SSW、SW 风频率最大。

在秦皇岛市海区，由于入海河流少，海水盐度相对较高，多年平均盐度为 29.83‰，海水较深，且黄海暖流流经该海域，秦皇岛港是我国北方著名的不冻港。

4.5.2 海岸带概念与构成

海岸是陆地与海洋相互作用的有一定宽度的地带，其上界是风暴浪作用的最高位置，下界为波浪作用开始扰动海底泥沙处。现代海岸带由陆地向海洋可划分为潮上带、潮间带和潮下带（水下岸坡）三部分（图 4–12）。

潮上带是高潮位以上至风暴浪所能作用的区域。在此范围内有海蚀崖，沿岸沙堤及潟湖低地等，它们大部分时间暴露在海水面以上，只在特大风暴时才被海水淹没。

高潮位和低潮位之间的地带称潮间带，主要是海滩（沙滩和岩滩）或潮滩（黏土和细粉砂）。

潮下带（水下岸坡）是低潮位以下到海浪作用开始掀起海底泥沙处，即大约是 1/2 波长水深的位置。

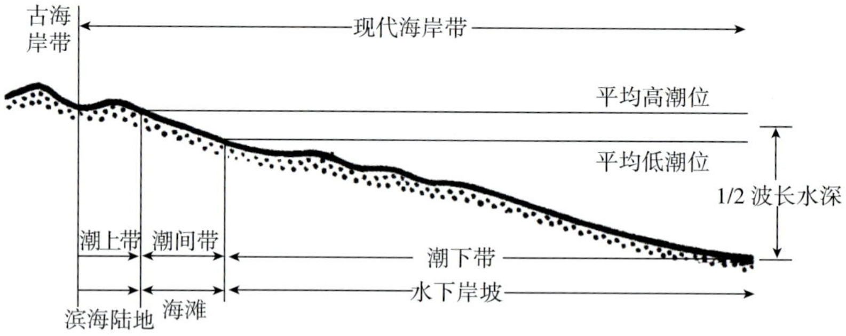

图 4–12 海岸带的划分（据杨景春等，2005）

4.5.3 海岸动力作用

海岸动力作用有波浪，潮汐，海流和河流等。其中以波浪作用为主，潮汐作用只在有潮汐海岸对地貌起塑造作用，海流对海岸的地貌作用也没有波浪和潮汐作用那样显著，河流作用只局限在河口地带。

1. 波浪作用

风通过与海水的摩擦将能量传递给海水，使水质点作圆周运动，海面水体随之发生周期性起伏，形成波浪。波浪作用是海岸地貌形成的最主要动力。

在深水中的波浪水质点作等速圆周运动，水质点沿轨道运动一周，波形往前移动一个波长的距离。同一波峰的平面延伸连线称波峰线，垂直波峰线的方向为波浪运动方向。波浪一方面沿着海面向前传递，同时也向下部水层传递。外海传来的波浪进入水深小于 1/2 波长的浅水区时，波浪中的水质点才比较明显地扰动海底，通常把 1/2 波长的深度看作波浪作用的极限深度，这也是水下岸坡的起点。小于此深度的波浪性质发生变化，形成浅水波。

波浪进入浅水区，水质点运动与海底摩擦，自海面向海底，水质点运动轨迹的形态发生变化，由圆形渐变为椭圆形，上半部凸起，下半部扁平；到了海底，轨迹的扁平度达到极限，椭圆形的水质点的垂直轴等于零，水质点作平行底面的往返运动。

波浪向岸传播过程中随着水深的变浅，波浪外形发生变化，波形也将破碎。在波浪向岸传播中，波高逐渐增加，波速逐渐减小，水质点轨道强烈扭曲变形，当波峰超出下部水体的支撑时发生破碎。在比较平缓的水下岸坡，浅水波变形剧烈，在 2 个波高水深处就开始破碎。相反，在较陡的水下岸坡，由于水深变化大，波浪不会急速变形，在一个波高水深处才能发生破碎，再生的波浪很快到达岸边，形成强大的激浪流，曾测到激浪流的压力达到 30 t/m^2。

波浪进入浅水区后，如果波浪运动方向不与等深线垂直，而与海岸斜交，就会在同一波峰线的不同点有着不同的运动速度和运动方向，随着波浪接近海岸，整个波峰线便偏离原有的前进方向力图与海岸线平行因而发生弯曲的现象，称为波浪折射。由于波浪折射，在突出的岬角处，波浪集中，波能增大，发生侵蚀，形成侵蚀地貌；海湾处波能降低，发生堆积，形成堆积地貌。

2. 潮汐作用

潮汐是在太阳和月球引力作用下发生的海面周期性涨落现象。在很多地方为半日潮，即在一昼夜有两次高潮和两次低潮，也有地方发育全日潮。海面涨落过程称为涨潮和落潮，当海面涨到最高位和降到最低位时，称高潮位和低潮位，高潮和低潮的高差叫潮差。潮流作用能在潮间带形成潮滩，潮沟，在水下浅滩形成潮流沙脊和潮流通道。

3. 海流作用

海流的形成与气压梯度，海水的密度和温度等有关。洋流与全球气候变化有密切关系。

4. 海啸

海啸是由突发的海底错动，海底滑坡，海底火山喷发，或滑入海洋中的陆上滑坡引起的巨型波浪。海啸有很长的波长，通常达 100~200 km，在深水中只有很低的波高，常低于 1 m，周期可达 10~30 min（暴风浪的周期为 15~20 s）。海啸在深水中的传播很快，如果波长为 100 km，周期为 20 min，则速度可达 300 km/h。

4.5.4　海岸类型

有多种海岸类型的划分方案。根据海岸物质组成可将海岸划分为石质（基岩）海岸、砂质海岸、淤泥质海岸和生物海岸四种类型。

1. 石质（基岩）海岸

基岩海岸由岩石组成，多数海岸岸线曲折，岬角与海湾相间分布：岬角向海突出，海湾深入陆地。海底岸坡较陡，海水深，水质点的运动轨迹变形小，所以波浪运动的大部分能量消耗在形成拍岸浪对海岸的冲蚀上。

2. 砂质海岸

砂质海岸（图 4-13a、b）可分为海滩海岸，沙堤—潟湖海岸和沙丘海岸等。

a. 北戴河翡翠岛沙滩海岸的海滩

b. 北戴河翡翠岛砂质海岸旁的沙丘

图 4-13 北戴河翡翠岛砂质海岸（李贵桐 摄）

海滩海岸其范围从波浪破碎开始点起一直到海岸陆地上波浪作用消失处止。在开敞的海岸形成滩脊海滩，在有海蚀崖的宽度较狭，形成背叠海滩。

沙堤—潟湖海岸是在砂质海岸堆积体及其封闭或半封闭海湾形成潟湖构成的海岸。有的堆积体分布在水下尚未露出海面，为水下沙坝，也有露出海面成为离岸堤或岛状坝。由离岸堤或沙嘴将滨海海湾与外海隔离的水域称潟湖。潟湖有通道与外海相连，并有内陆河流注入，但也有些潟湖与外海完全隔离封闭，或只在高潮时海水进入潟湖。

沙丘海岸是砂质海岸在风的作用下沙粒被吹扬形成沙丘的海岸，如河北昌黎的沙丘海岸。沙丘的宽度由几米到数千米不等，高度也有小到几米大到几百米的。

3. 淤泥质海岸

淤泥质海岸是由粉砂和淤泥堆积的低缓平坦海岸（图 4-14），海岸线多平直；淤泥质海岸从陆到海由三部分组成，沿岸冲积平原或海积平原，潮间带浅滩和水下岸坡。

淤泥质海岸可划分为平原型、堡岛型和港湾型 3 种。

图 4-14 天津淤泥质海岸（李保国 摄）

平原型淤泥质海岸是沿平原外缘由大河带来的粉沙淤泥堆积而成。在我国以渤海湾海岸最为典型。渤海湾沿岸是宽广的黄河三角洲冲积平原和滦河三角洲冲积平原，地势平坦。冲积平原外缘有 4~6 km 宽的潮滩，坡度为 0.03%~0.1%，潮滩上形成大量泥质沉积层，它们主要来自黄河和海河。潮滩外是水下岸坡，坡度非常平缓。水下岸坡的沉积物在岸边为粉砂，向海逐渐变细。

堡岛型淤泥质海岸是在外海由沙洲堡岛掩护的低平海岸，沿岸有一列沙脊和沙岛，沙岛或沙脊之间有潮汐通道，沙岛与陆地之间为淤泥质潮滩，沉积淤泥。

港湾型淤泥质海岸形成于陆地的港湾内。湾内波浪小，由潮流，沿岸流和河流带来的细颗粒物在港湾内沉积下来，形成小面积淤泥带。

4. 生物海岸

生物海岸有红树林海岸和珊瑚礁海岸。

红树林是一种稀有灌木，分布在热带、亚热带淤泥质的滩涂浅滩，是陆地向海洋过度的特殊生态系统。红树林是至今世界上少数几个物种最多样化的生态系统之一，生物资源量非常丰富。它也是候鸟的越冬场和迁徙中转站，更是各种海鸟的觅食栖息，生产繁殖的场所。红树林另一重要功能是防风消浪、促淤保滩、固岸护堤。

珊瑚礁主要由造礁珊瑚的骨骼构成。珊瑚生存条件非常严格，它对海水的温度、盐度和深度的要求都很敏感，因此珊瑚礁的地理分布有很大局限性。珊瑚要求海水的年平均温度在 20℃以上，故现代珊瑚礁分布在南北纬 30° 之间的热带海区。珊瑚生长的海水盐度是 27‰ ~ 40‰。此外，珊瑚生长要有足够光线，含有大量泥沙的浑浊水体会窒息珊瑚，使礁体发育受到抑制。因此在有淡水注入，水体浑浊的河口地区不生长珊瑚。在低潮位至水深 20 m 的浅海区，珊瑚繁殖最盛，因为这里有充足的阳光和丰富的微生物养料，水温也较高。

4.5.5　秦皇岛昌黎砂质海岸地貌

前已述及，砂质海岸有 3 种类型。昌黎的砂质海岸属于沙堤 – 潟湖海岸类型，下面将介绍其形成和演化过程。

1. 昌黎黄金海岸七里海潟湖概况

河北秦皇岛昌黎黄金海岸七里海潟湖，以水域宽约七里得名。该湖地处河北省秦皇岛市昌黎县东南沿海，在昌黎县城和北戴河之间，距昌黎县城约 15 km，距北戴河约 30 km。七里海潟湖是与渤海相通的半封闭潟湖，潟湖长约 3 km, 宽约 2 km。其东岸及东南岸有沙丘，俗称沙坨峪与渤海相隔。潟湖与渤海相连的通道，称新开口，位于潟湖东北角，为一潮流通道，长约 2 km，宽 200~400 m。潟湖西侧、西北侧有稻子沟、刘台沟、刘坨沟、泥井沟和赵家港沟 5 条小河注入。这五条小河系滦河古入海汊道，均为季节性河流，合称七里海水系（图 4–16b）。由于河流径流较小，潟湖水深主要受潮汐作用影响。潟湖内波浪很小，遇 6 级风，海上浪高可达 1.5~2 m，潟湖内波浪仅 0.2~0.3 m，6 级风以下基本无浪。

七里海湖底分布着黑色淤泥质细沙，无湖相泥质沉积，但其水域中心的潮沟 组成物质却相对比较粗，主要是些富含贝壳碎片的青灰色细沙。潮流通道底部分布有海陆相交互沉积物，为灰黑色淤泥质粉沙（杨静和曾昭爽，2007）。

2. 七里海潟湖的形成与演化

本区大地构造属于燕山褶皱带，次一级构造单元为昌黎凸起和姜各庄凸起。杨静和曾昭爽（2007）根据钻孔资料和地质调查资料推断，晚第四纪以来，昌黎曾经有 8 次海进。七里海潟湖的形成和 8 次海进、海退有密切关系。

杨静和曾昭爽（2007）研究认为：距今 5 500 年左右，七里海一带的海岸线大致在赤洋口、团林、侯里以西 2~ 4 km。陆上是向海缓倾的滦河等河流塑造的冲积扇、 三角洲复合体，潮间带是海滩和沙堤。那时的气候温暖湿润，风力尚弱，还不能形成一定规模的沙丘。在滦河河口的迁徙过程中，现大蒲河口和滦河口附近先后形成略向海突出的三角洲沙体，与其间较平直的海岸构成了一弓形海湾。由于波浪折射作用，波浪挟带的泥沙在远离岸线处的破波带形成离岸沙坝和水下沙堤。这些离岸沙坝和水下沙堤连续分布达很长的距离，封闭海湾形成了七里海潟湖。当时的潟湖北起大蒲河，南至大滩，宽 1~ 3 km, 面积达 60 km^2。此后海岸线一直向海推进。

距今 2 000 年时，七里海外侧的沙坝有的被淹，有的合并。此后，气温显著下降，降水逐渐减少，空气变得干燥，风吹扬了七里海外侧的沙体，大量沙粒不断向陆搬运和堆积，风成沙丘开始形成。

距今 1 500 年时，随着其外侧沙丘的逐渐形成和向陆的缓慢移动，七里海潟湖面积不断缩小。此时，注入七里海泻湖的河流已有滦河、饮马河、潮河、泥井沟、 稻子沟等。滦河在迁徙过程中曾沿袭过这些河道。它们当中有的实际上就是滦河的入海叉道。此后，由于滦河上游地区的农业活动和气候大陆性特点的进一步加强，滦河迁徙日益频繁，当滦河折向南，远离七里海时，风成沙丘逐渐封闭了七里海， 使七里海湖底升高，面积缩小。但在多数情况下仍保持着与外海沟通。

距今约 1 000 年时，在东北强风影响下，七里海外侧沙丘逐渐向西偏转和延伸，构成一系列向东北方向凸出的弧形沙丘（图 4–15）。

距今 300 年时，七里海曾做盐场，晒过盐。以后七里海被其东侧的沙丘等沙体封闭。大明一统志记载，清康熙年间（1661—1722 年）七里海长约七里，面积与现在相近。水咸可制盐。乾隆年间（1735—1795 年） 饮马河注入七里海， 潟湖水质淡化，变成了淡水湖。清咸丰八年（1858 年）大旱，水源断绝，湖水干涸，当地居民在湖底种麦，七里海成为潟湖平原。数年后七里海重潴水成湖，但面积已不如以前广大。至光绪九年（1883 年）大水，滦河泛滥，其北支注入七里海，又因发生风暴潮，在河流和海洋双重动力作用下，潟湖东北角的沙丘被冲开一条水道，形成潮流通道，人称之为新开口。新开口形成后，海水随潮流进入七里海，七里海又与外海相通变成了半封闭潟湖。此时，七里海外侧沙丘移动加快，从 20 世纪 20~60 年代，七里海东侧的沙丘平均每年向西移动 2 m 左右，七里海的面积随之缩小（图 4–16）。

图 4–15　北戴河翡翠岛沙丘（王数 摄）

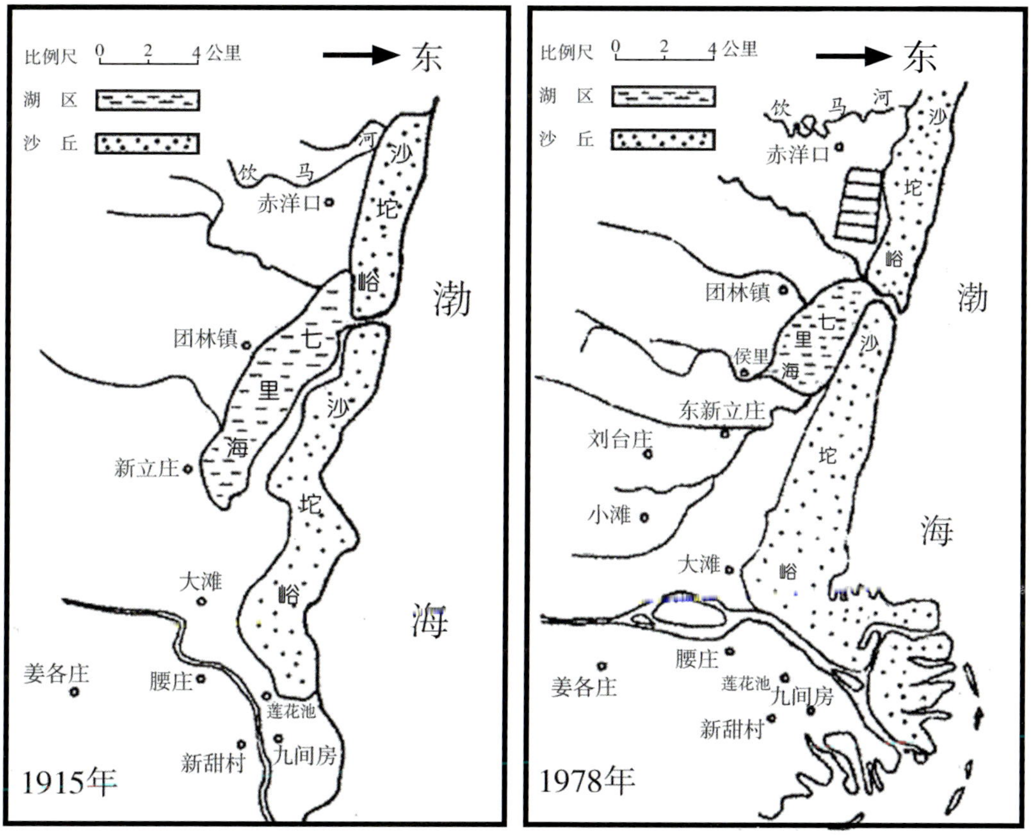

a　　　　　　　　b

图 4–16　七里海潟湖演化对比图（杨静和曾昭爽，2007）

4.6　河北秦皇岛北戴河石质海岸地貌与三角洲地貌

以下将介绍石质（基岩）海岸的几种典型海蚀地貌的特征，鹰角亭下和鹰角石的岩性和地质构造特征，石质海岸沉积物的特征，以及新河三角洲的特征。

4.6.1　北戴河鸽子窝石质（基岩）海岸地貌

秦皇岛市的海岸线中仅约 20 km 为石质（基岩）海岸，广泛发育了海蚀地貌，其余为砂质海岸。波浪侵蚀和堆积过程中对海岸进行塑造，形成海蚀地貌和海积地貌。鸽子窝公园又称为鹰角石公园，因公园内有一鹰角石。其属于基岩海岸，主要为海蚀地貌，为北戴河滨海旅游区的主要景点，这里立有毛泽东主席塑像，并刻有《浪淘沙·北戴河》不朽诗篇。

波浪侵蚀作用在基岩海岸最明显。激浪对由岩组成的海岸造成强烈的侵蚀。强大的激浪还可以抛掷岩屑，甚至巨大的石块以撞击海岸，加速海岸基岩的破坏过程；海水溶解能力也很强；波浪引起近岸带沉积物的搬运和再沉积形成各种海蚀地貌。

在波浪作用的影响下，海岸岩石不断受到海水的冲蚀和磨蚀，岩石不断破碎，被剥蚀下来的物质被海水带走。经过长期的海蚀作用，破碎部位不断扩大，形成海蚀凹槽。由于海蚀作用的持续进行和发展，海蚀凹槽就不断扩大，向陆地方向伸入；当扩大到一定程度时，其上部的岩石由于受重力及其他因素的影响，就会崩塌，形成陡壁，即海蚀崖。在新形成的海蚀崖下部，继续重要上一过程，又形成新的海蚀崖。经过这种反复作用，海蚀崖就不断向陆地方向节节后退，海岸带不断拓宽，结果海蚀崖部部至低潮线之间形成一个向海洋方向微倾斜的平面，称之波切台。在该地点观察到的波切台较窄。由于受节理及海水侵蚀方向的影响，造成在不同方向上岩石被侵蚀的速度不等，再加上重力崩塌作用，就会形成海蚀柱，海蚀柱有的是由于海蚀洞上部被侵蚀坍落逐渐形成的：有的原是海岛被侵蚀而成的；有的原是岬角，其后侧被侵蚀掉则成孤岛，最后继续侵蚀而成海蚀柱。海蚀柱不断受到侵蚀，逐渐变小，以致于被海水淹没，就变成海蚀礁石。

最常见的海蚀地貌有海蚀崖(图 4–17、图 4–18）、海蚀穴、海蚀洞、海蚀窗、海蚀拱桥或海穹、海蚀柱(图 4–19）和海蚀平台（波切台）。

在鹰角石(海蚀崖)靠海洋一侧的陡壁上有 3 层不同高程的海蚀凹槽。海蚀凹槽肯定是海蚀作用的结果，而该地点不同高度的 3 层海蚀凹槽显然都高出现代海平面(即使是特大潮)。

图 4–17　秦皇岛鸽子窝公园内鹰角石海蚀崖远观（李保国 摄）

图 4–18　秦皇岛鸽子窝公园内鹰角石海蚀崖近看　（李贵桐 摄）

图 4–19　秦皇岛小东山海蚀柱　（李保国 摄）

鹰角石（海蚀崖）—海蚀柱—海洋方向的海蚀地形剖面图见图 4–20。

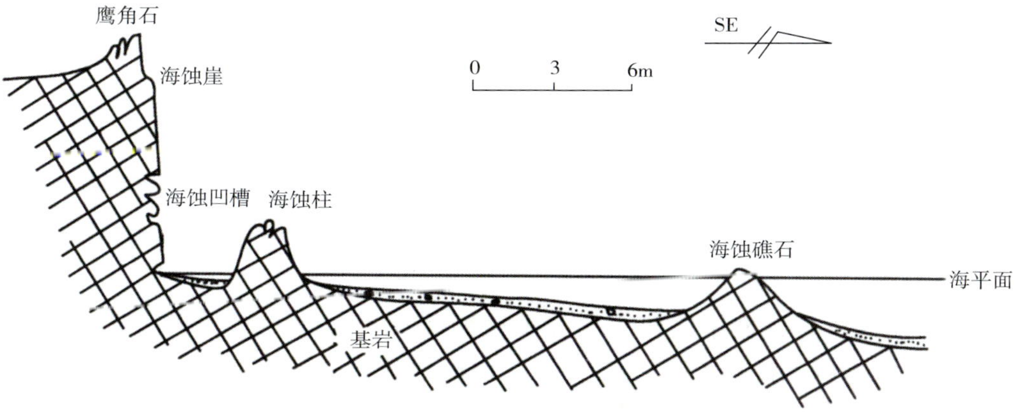

图 4–20　鸽子窝基岩海岸海蚀地形剖面示意图（据林建平等，2005）

在石质海岸地带，主要形成海蚀地貌，突出的地方称为海岬，因海蚀作用形成，而凹进处称为海湾，由于波动分散发生沉积作用所致，如在鹰角石与小东山之间就有一个小小的海湾分布有沙滩。

4.6.2 鹰角石及其附近岩性和地质构造特征

1. 岩性

鸽子窝（鹰角石）及鹰角亭都处于海岬部位，这一带的岩性是早太古代的正长花岗岩（γ_1）及伟晶岩，在此可以见到伟晶岩中的巨大石英晶体，所见鹰角石是穿插在古老花岗岩之内的伟晶岩脉，由于节理方向不同以及海水差异侵蚀而成。该观察点海底坡度常较陡，海水深，在较陡的水下岸坡，由于水深变化大，波浪不会急速变形，在一个波高水深处才能发生破碎，再生的波浪很快到达岸边，形成强大的激浪流，对海岸产生强烈的侵蚀。另外该观察点恰好位于两个海湾之间向海方向突出的海岬处，所以又是波能集中的地方，故该地点不断受到海水的侵蚀作用而形成各种形态的海蚀地貌。

2. 地质构造

在海蚀崖上可观察到 3 组节理，节理面平滑，延伸长，可判断为剪节理。同时，还可观察到沿节理面发育一些海蚀现象，这也表明节理的发育加速了海蚀作用的速度。此外，在海蚀柱和海蚀崖上可见到黄铁矿（已风化成褐铁矿）的小立方体，有的被侵蚀掉而留下空洞，这是差异风化现象。

3. 基岩海岸沉积物特征

海蚀崖下滨海带的砾石沉积，砾石大小混杂，分选差。砾石大致可分为 3 类：棱角状的、略有磨圆的和磨圆较好的。

4.6.3 北戴河新河三角洲

在鹰角亭朝西北方向望去，可以清楚地看见新河三角洲（图 4–21）。主要观察：①三角洲表层的沉积物特征；②三角洲沉积物表面的沉积构造特征。③三角洲表层（潮间带、泥砂质海岸）的海洋生物特点。

图 4–21 秦皇岛北戴河新河三角洲（王数 摄）

1. 新河三角洲特点

新河三角洲分布于新河入海处，在平面上为三角形　表层沉积物以细砂、粉砂、黏土(淤泥)为主，结构疏松。表面以下约 5 cm 处的沉积物为深灰色、含大量有机质的淤泥和粉砂。细砂、粉砂层的水平层理发育，属三角洲顶积层；在三角洲近陆一端或近岸边沉积物中有机质含量较高，颜色较深，含有砾石和粗砂。而在近海一侧 (三角洲前缘) 泥质中有机质含量减少，碎屑物质粒度变细。

2. 三角洲上发育的波痕类型

新河三角洲上发育有一下几种类型波痕 (图 4-22)：

不对称波痕　一面陡，一面缓（迎水流方向），波脊线连续，在三角洲前缘的波脊线大致与海岸线平行。波峰较尖锐，沉积物细，而波谷较平尚且，沉积物较粗，常含有生物碎，这种波痕是由一个方向的较强水流改造海底沉积物形成的，主要分布于潮间带、潮下带或河口区。

对称波痕　类似不对称波痕，但波痕两侧的谷坡倾角相等。它是由两个强度相近的、方向相反的水流形成的，潮汐作用是形成这种波痕的主要动力，主要分布于潮间带或潮下带。

平顶波痕　波峰为一较窄的平面，波谷为较宽的圆滑谷，谷坡一般为不对称或大致对称，这种波痕是对称或不对称波痕经与波脊线大致平行的水流改造而成。主要分布于潮间带，并受微地形的控制。地形起伏，改变水的流向，是形成这种波痕的重要原因。

槽状波痕　波峰为较宽的平面，而波谷则为较狭窄的细沟。它的成因一种是同平顶波痕，只是平行波脊线方向的水流要强一些：另一种可能是当海水面稍低于波峰或大致在同一平面时，海水动荡冲刷原来的波峰，使波峰变平而形成槽状波痕。主要分布于潮间带。

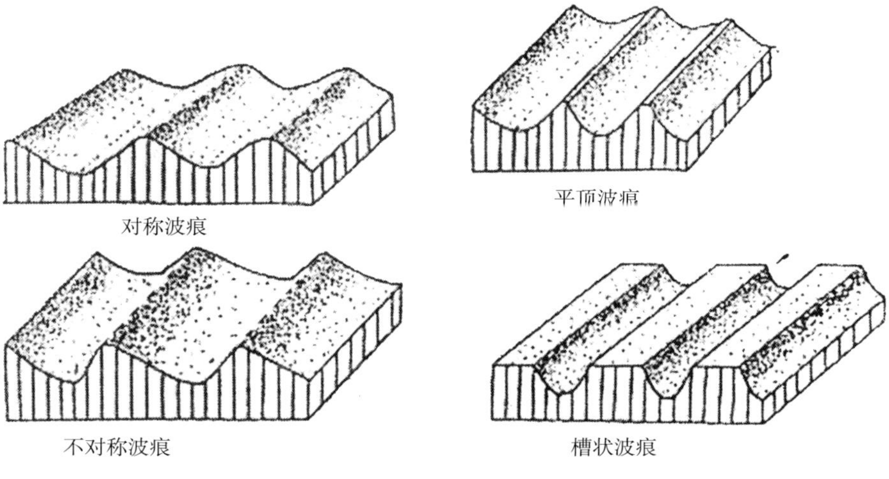

图 4-22　不同类型波痕立体图

不对称波痕　波脊线不连续、弯曲大，纵横交错，谷坡倾角一般不相等。如马蹄形波痕、菱形波痕。马蹄形波痕是由于水流层薄、水流动态变化快而形成的。菱形波痕是由两

馒头组岩性主要为紫红色、砖红色页岩、泥质白云岩、泥质灰岩和白云质灰岩等。页岩中含岩盐假晶。底部常发育砂砾岩层，与府君山组平行不整合接触。本组零星出露，厚30~70 m，缺少化石依据，沉积环境以潮间泻湖为主。

②中寒武统（$\in_2$）：由老至新分别为毛庄组（$\in_2m$）、徐庄组（$\in_2x$）和张夏组（$\in_2z$）。毛庄组也是零星出露，以紫色页岩为主，夹灰色灰岩、泥质灰岩、白云质灰岩以及少量粉砂质页岩，底部以紫色页岩或粉砂岩和馒头组整合接触。本组岩性稳定，但厚度变化较大，为 18~87 m；化石相当丰富，以三叶虫的褶颊虫最繁盛。

徐庄组分布较广，主要为暗紫色、灰色、黄绿色页岩，夹灰岩、鲕状灰岩、泥灰岩及粉砂岩，底部以粉砂岩或页岩与毛庄组整合接触。本组以呈现猪肝色及页岩中富含云母片为特征；厚 60~108 m。古生物化石以三叶虫最丰富。毛庄组和徐庄组属于浅海相和潮间泻湖相的交替沉积。

张夏组分布最广，以鲕状灰岩为主，其次为泥质条带灰岩、泥质灰岩及灰岩，夹少量页岩。底部常以鲕状灰岩夹紫色页岩或泥质粉砂岩与徐庄组整合接触。本组厚 50~186 m，属浅海相沉积，所含化石以三叶虫最多。

③上寒武统（$\in_3$）：由老至新有崮山组（$\in_3g$）、长山组（$\in_3c$）和凤山组（$\in_3f$），均属于浅海相沉积。崮山组在石门寨东南可见，岩性为泥质条带灰岩、灰岩和泥质灰岩，夹竹叶状灰岩、鲕状灰岩及页岩。底部常以紫色竹叶状灰岩或泥质条带灰岩、粉砂岩、页岩等与张夏组整合接触。本组厚度约 60 m，属于比较动荡的浅海沉积环境。化石丰富，以三叶虫类为主。

长山组以竹叶状灰岩为主，其次为泥质条带灰岩、泥质灰岩、灰岩及页岩。底部以紫红色含铁质竹叶状灰岩或含海绿石生物介壳灰岩与崮山组整合接触。本组分布面积小，厚度一般为 10~20 m，化石以三叶虫类为主。

凤山组见于石门寨南部，主要为灰色中厚层、薄层泥质条带灰岩夹薄层灰岩、竹叶状灰岩及黄绿色页岩。底部常以薄层泥质灰岩与长山组整合接触。本组厚 80~130 m，化石仍以三叶虫最繁盛，其次有笔石、牙形石等。

Ⅱ. 奥陶系（O）：奥陶系与寒武系分布特点相同，即出露于柳江向斜两翼。

①下奥陶统（O_1）：由老至新包括冶里组（O_1y）和亮甲山组（O_1），均属浅海相沉积。冶里组出露于石门寨、沙锅店等地，下部为灰色微晶纯灰岩夹少量砾屑及虫孔状灰岩，上部为灰色砾屑灰岩、灰黄绿色页岩。底部以厚层灰岩、薄层泥质条带灰岩夹竹叶状灰岩与凤山组整合接触。本组厚 126 m，含三叶虫、笔石、牙形石和头足类等化石。

亮甲山组分布于石门寨亮甲山一带，岩性为富含燧石结核或条带的灰岩及白云岩，与下伏冶里组整合接触. 亮甲山组底部的中厚层状豹皮灰岩为两者的分界标志。本组厚 128 m，化石有头足类、腹足类和牙形石等，以头足类最丰富。

②中奥陶统（O_2）：在华北地层区，中奥陶统由下往上分为马家沟组（O_2m）、磁县组（O_2c）和峰峰组（O_2f）；然而在本区由于中奥陶世之后强烈的剥蚀作用，后两者均缺失。马家沟

组出露于石门寨西及沙锅店等地，厚 101 m，属浅海相沉积。岩性主要为暗灰色灰岩、竹叶状灰岩、白云质灰岩，夹少量白云岩和含燧石结核的豹皮状白云质灰岩，底部以黄灰色含砾屑及燧石结核的微层理白云质灰岩与亮甲山组整合接触。所产化石有头足类、腹足类、三叶虫类、腕足类和牙形石等。

（4）上古生界（Pz_2）

Ⅰ. 石炭系（C）：华北地层区自晚奥陶世至早石炭世，一直处于上升状态，遭受长期风化剥蚀，缺失这一时期的沉积。中、晚石炭世地壳缓慢下降，接受了海陆交互相含煤沉积。

①中石炭统本溪组（C_2b）：分布于石门寨西和沙锅店等地，厚 82 m。下部为褐黄色铁质砂岩或深灰色含铁质结核的铝质黏土岩、炭质黏土岩和粉砂岩，夹煤线；上部为中、细砂岩、粉砂岩及页岩互层：顶部夹 3~5 层泥灰岩或灰岩透镜体。底部以紫红色铁铝质泥岩假整合于中奥陶统之上，在基底风化面上形成铝土质页岩或铝土矿层。该组含大量动、植物化石，有类、腕足类、腹足类、瓣鳃类和珊瑚动物化石以及大脉羊齿等 40 余种植物化石。

②上石炭统太原组（C_2t）：分布同本溪组，厚 51 m。下部为灰色厚层砂岩、石英砂岩；上部为灰黑色炭质页岩、粉砂岩夹灰色、黄绿色砂岩及石英砂岩，顶部夹可采煤层。底部以灰黄色、青灰色含砾粗砂岩与本溪组整合接触。本组含非常丰富的动、植物化石，前者有牙形石、腕足、腹足、瓣鳃、珊瑚和棘皮动物等，后者有真蕨类、种子蕨类和鳞木类等。

Ⅱ. 二叠系（P）：主要分布于柳江向斜东翼，为一套陆相碎屑夹煤层沉积，整合于太原组之上。

①下二叠统（P_1）：由下往上分为山西组（P_1s）和下石盒子组（P_1x）。山西组是本区重要的含煤地层，属于近海沼泽相沉积，厚 62 m。岩性为灰色、灰黑色中细粒长石岩屑杂砂岩、粉砂岩、炭质页岩及泥岩，构成两个沉积旋回，第一旋回含煤层，第二旋回的顶部含铝土矿。底部以灰色、灰白色长石岩屑杂砂岩与太原组整合接触。本组含大量的植物化石，有纤细轮叶、宽带羊齿等。

下石盒子组主要分布于石门寨、上庄坨、马蹄岭等地，属河湖相沉积，由三个沉积旋回构成，岩性主要为灰色中、粗粒长石岩屑杂砂岩、紫灰色泥岩或泥质粉砂岩。底部以一层灰色砂砾岩或含砾砂岩整合于山西组之上。本组厚 32~51 m，含丰富的植物化石，有山西带羊齿、多脉带羊齿等。

②上二叠统（P_2）：由老至新包括上石盒子组（P_1s）和石千峰组（P_1sh），均属干旱气候条件下的河湖相沉积，不含煤系地层，所含植物化石较下二叠统少。上石盒子组分布区同下石盒子组，厚约 81 m，岩性以黄白色、灰绿色厚层石英粗砂岩、含砾石英粗砂岩为主，夹灰紫、暗紫色粉砂岩、细砂岩和铝土质泥岩：底部为一层粗粒砂岩，与下石盒子组之间为连续沉积。

石千峰组厚约 150 m，由于中生界的覆盖，出露很局限。岩性为紫色、灰绿色砂岩、粗砂岩夹紫灰色粉砂岩或砂质页岩，局部呈砂、页岩互层。本组与下伏上石盒子组整合接触，但两者颜色差别很大，前者底部是紫红色含砾岩屑长石杂砂岩，后者顶部是灰白色石英砂岩，分界标志清楚。

（5）中生界（Mz） 本区中生界只有侏罗系，由老至新分别为下侏罗统下花园组（J1x）、中侏罗统髫髻山组（J_2t）和上侏罗统白旗组（J_3b））。下花园组和髫髻山组分布于柳江向斜的核部，白旗组分布于山海关西北部。

Ⅰ. 下花园组：下部以砾岩和含砾粗粒杂砂岩为主，夹少量粉砂岩及页岩，厚约278 m；上部以粉砂岩、黑色炭质页岩为主，含薄煤层及煤线，厚约215 m。厚度由南向北变化较大，具超覆现象。本组为区内中生界主要含煤岩系，可采煤一般3~10层，属湖泊、沼泽及河流相沉积。该组角度不整合覆盖在奥陶系、石炭系和二叠系之上。本组含植物、昆虫、双壳类和鱼类等化石。

Ⅱ. 髫髻山组：分布于柳江向斜核部，如上庄坨西傍水崖；近南北向延伸，常构成山峰。该组由陆相喷发熔岩和火山碎屑岩互层组成，厚度大于1 100 m。下部为灰绿、浅黄绿色安山质、流纹质集块岩，夹凝灰岩和熔岩，厚度大于100 m；中部由紫灰色、灰绿色辉石安山岩、角闪安山岩和安山集块岩、安山角砾岩互层组成，厚约400 m；上部为黑绿色、紫红色、

青灰色玄武质安山岩、玄武安山岩和熔结集块岩，呈互层状，夹少量火山角砾岩及凝灰岩，厚度大于600 m。本组与下伏下花园组呈角度不整合接触。

Ⅲ. 白旗组：岩性为陆相喷发的酸性、中性熔岩和火山碎屑岩，包括流纹质、粗面质和粗安质熔岩、凝灰岩、火山角砾岩和集块岩，厚度大于350 m。在本区未见白旗组与下伏髫髻山组的接触关系；根据邻区资料，两者为角度不整合接触。

（6）新生界（Kz） 本区缺失第三系；第四系松散沉积物沿河谷、滨海及盆地分布，成因类型复杂，有冲积物、洪积物、坡积物、洞穴堆积物、湖积物和滨海沉积物。冲积物沿石河、汤河、新河、戴河等河谷分布，构成河漫滩及Ⅰ、Ⅱ、Ⅲ级阶地，岩性为砾石层、砂砾石层、砂层和砂质黏土层，厚数米。洪积物分布于一些冲沟口处，如义院口，由含泥的砾石层组成。滨海沉积物沿海岸分布，如老龙头、实习站、鸽子窝、海滨等地，构成Ⅰ、Ⅱ级海积阶地和沿岸沙堤，岩性为细砂层、泥质砂层，局部含砾石层。

在基岩表面普遍覆盖有第四纪残积物，厚度从几十厘米至两三米不等，如燕山大学附近公路边新太古代黑云母花岗岩表面的风化壳，主要由褐红色黏土层组成。

2. 侵入岩

本区的岩浆岩有喷出岩和侵入岩。喷出岩构成了中、上侏罗统髫髻山组和白旗组的火山岩地层（在上一节中已叙述）。侵入岩可分为新太古代和中生代两大期次。

（1）新太古代花岗岩（γ_1） 又可分为黑云母花岗岩（γ_1^{2-1}）与正长花岗岩（γ_1^{2-2}）。黑云母花岗岩岩体规模大，分布范围广，大部分裸露地表，风化强烈；在柳江向斜周围、

山海关、鸡冠山、老虎石和实习站等地都有大面积出露。岩石新鲜面呈浅肉红色，矿物成分主要有钾长石、石英、黑云母等，粗粒结构，块状构造；侵入时代为 2 486—2 552 Ma。正长花岗岩，浅肉红色—黄褐色，半自形粒状结构、交代结构，块状构造，局部见似片麻状构造：主要矿物为钾长石（微斜长石）、斜长石、石英、，黑云母等，钾长石内常有不规则状斜长石的残留斑晶，粒径 2~3 mm；斜长石具有绢云母化、土化等，粒径 2~4 mm：石英不规则状，粒径一般为 0.5~2 mm，钾长石、黑云母往往退变为白云母；次要矿物有磁铁矿、磷灰石、锆石等；在鸽子窝等地有出露，多呈小规模岩体侵入于上述黑云母花岗岩之中。

（2）中生代侵入岩　主要是晚侏罗世的酸性、中酸性中深成侵入体，其次为早白垩世的中酸性中深成—浅成侵入体。

Ⅰ. 晚侏罗世侵入岩

①花岗岩（$\gamma_5^{2(3)}$）：为本区最主要的侵入岩体，分布于西北部和东北部，以岩基、岩株状产出。岩石呈肉红色，矿物成分有钾长石、斜长石、石英和黑云母，中—粗粒结构，块状构造。岩体侵入于上侏罗统白旗组及更老的地层之中，接触面陡倾斜，倾角 60°~80°；黑云母，K–Ar 法年龄为 137~145 Ma。

②花岗闪长岩和闪长玢岩：花岗闪长岩出露于本区东北部，侵入于新太古代花岗岩中。岩石呈灰白色，中—粗粒结构，块状构造。闪长玢岩分布于本区北部，侵入于寒武系中，深灰色至浅灰黑色，斑状结构，块状构造。两者侵入时限大致为 140~145 Ma。

Ⅱ. 早白垩世石英正长岩

为本区早白垩世最主要的侵入岩类型，分布于本区东北部，在石门寨北、东和东南均有出露，多为小型岩株，沿断裂或不同时代地层、岩体的接触部位侵入。岩石具似斑状结构，斑晶含量 15%~60%，由钾长石、石英组成，有时可见斜长石和角闪石。基质微粒—细粒结构，多由长石和石英组成，偶见角闪石和黑云母等。矿物平均含量：钾长石 70%左右，斜长石 5%~10%，石英 10%~15%，黑云母少量，角闪石 5%~10%。

（3）其他侵入岩　主要为中生代中、晚期形成的浅成侵入体，分布面积小，岩石类型多，常以岩墙、岩床状产出。

①超基性浅成岩：出露于石门寨西北的北峪村西约 200 m 的小路上，呈岩墙产于中侏罗统髫髻山组火山碎屑岩中。岩石为深灰色，主要矿物有辉石、橄榄石，斑状结构，块状构造。

②基性浅成岩：在石门寨西上古生界及燕塞湖岩体中均有基性的岩墙和岩床侵入体。岩石呈暗绿色，细粒或隐晶质结构，矿物成分有辉石、斜长石，块状构造。

③中性浅成岩：主要有闪长玢岩和辉石角闪安山玢岩，呈岩墙状产出。

④酸性浅成岩：如沙锅店的似斑状花岗岩墙，侵入于下奥陶统灰岩中，岩体形态及岩

性描述见第四章野外路线（上庄坨—沙锅店）。

⑤伟晶岩脉：是本区分布较广的浅成岩，主要侵入于新太古代花岗岩中。

3. 大地构造位置及地质构造

（1）大地构造位置　本区位于中朝准地台燕山台褶带山海关台拱区。中朝准地台是我国最古老的地台区，初始陆核在 3 000 Ma 以前即已出现，结晶基底于 1 700 Ma 前固结形成。

燕山台褶带为准地台上活动性较强的一个二级构造单元，向东延入辽宁省；北、西、南三侧分别为内蒙地轴、山西断隆和华北断拗，彼此分界线均为深、大断裂。该台褶带自太古宙—古元古代结晶基底形成以来，基本上处于沉降状态。

中元古代至新元古代早期，形成近东西向的带状海槽，中心地区沉积厚度近万米。在古生代，海相及海陆交互相沉积发育。三叠纪以来，地壳活动性增强，大量的岩浆侵入、喷出，构造变形强烈，盖层普遍褶皱，故称“台褶带”。

山海关台拱为燕山台褶带东段的一个三级构造单元，北、西、南三侧均以断裂为界，平面略呈指向西南的锐角三角形，向东延入辽宁省。西界北北东向的青龙—滦县大断裂在中元古代是燕山海槽东部边缘一条重要的同生生长断裂，在断裂以西地区呈大幅度拗陷状态；以东的山海关台拱区则主要保持上升状态，直到新元古代中期才遭受海侵。

该台拱区主要由新太古代花岗岩构成，整体为一硕大的花岗岩穹窿，直径 60~70 km；在侏罗纪和白垩纪，岩浆侵入及喷发活动都较强烈。

（2）地质构造　本区的地质构造主要见于北部，即石门寨柳江盆地，为一轴向近南北向的向斜构造，其周围有一些次级褶皱以及一系列较为复杂的断裂构造。

Ⅰ. 褶皱

①柳江向斜：近南北向延伸，北起城子峪，南到石龙山、南林子一线，长约 40 km；东起娃娃峪、张崖子，西至王庄、山羊寨一线，宽约 8 km（图 4–24、图 4–25）。该向斜由古生界构成，核部地层主要为二叠系，两翼为寒武、奥陶和石炭系。西翼较陡，岩层倾向南东东，倾角一般大于 50°，个别地段大于 80°，甚至直立；东翼岩层向西倾斜，倾角通常为 10°~25°。西翼地层中南北向逆断层发育，局部地层直立、倒转或缺失；东翼地层发育齐全，倾角较缓。向斜核部为侏罗系火山岩所覆盖。

②义院口背斜：位于义院口煤矿公路旁，规模较小，由二叠系深灰、灰黑色砂质页岩、砂岩及含砾砂岩组成，属于柳江向斜北端的次一级褶皱。岩层连续弯曲，核部为砂质页岩，两翼为砂岩和含砾砂岩。枢纽向北东东倾伏，转折端岩层产状 65°∠40°；北翼较缓，产状为 5°∠25°；南翼较陡，产状为 140°∠60°。转折端圆滑，并发育向核部收敛的放射状节理。

此外，在本区伍庄、教军场等地也发育柳江向斜的次一级褶皱。

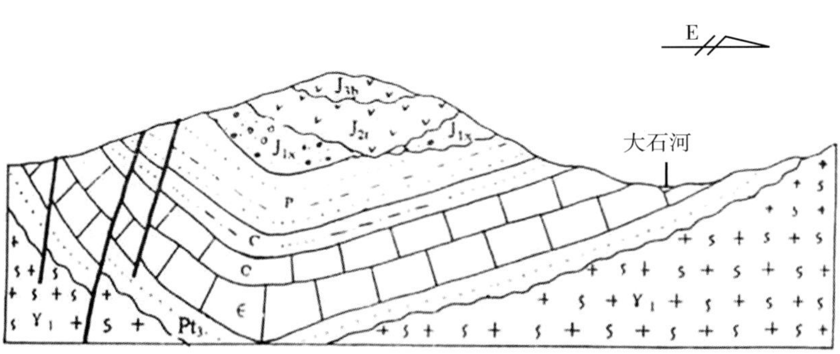

图 4-24　柳江向斜横剖面示意图（据林建平等，2005）

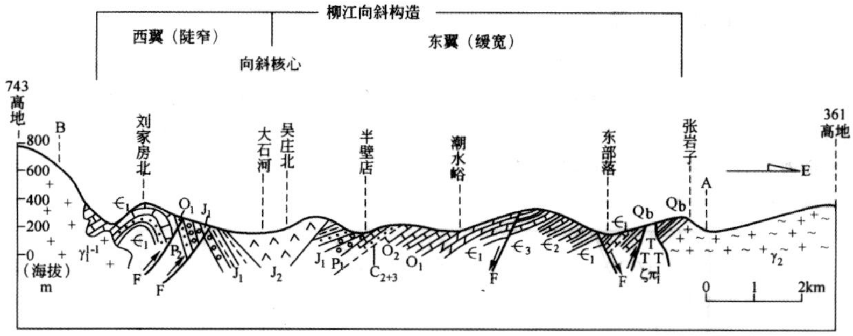

图 4-25　柳江向斜与地貌的关系（引自柳成志等，2006）

Ⅱ. 断裂

本区断裂较为发育，为山海关台拱区内发育的断层，规模较小，其中长度大于 3 km 的有近 20 条，按其展布方向可分为南北向、北东向、北西向和东西向等 4 组。

①南北向断层：是本区比较发育的一组断层，常造成地层的缺失与重复，主要分布于柳江向斜西翼，由若干条逆断层组成断层带。断层附近岩层直立或倒转，构造透镜体发育。断层带长达 10 km，宽 200~300 m。断层面向西倾斜，倾角一般大于 66°，切割了古生代至侏罗纪地层。在柳江向斜东翼有少量南北向的逆断层或平移断层发育。断层两侧可见伴生的牵引构造。

②北东向断层：主要分布于柳江向斜两翼，是本区最发育的一组断层。断层延伸长，有正断层和平移断层两种类型。在向斜西翼的平移断层多表现为右行剪切；而东翼的主要为左行剪切，如沙锅店北东的潮水峪断层。正断层倾向北西，倾角 40°~50°。

③北西向断层：主要分布于柳江向斜西翼的中、北部，断层规模小，切割地层少，长度只有几百米至几千米，多为平移断层，在向斜西翼以左行剪切为主，而东翼以右行剪切为主。

④东西向断层：分布于柳江向斜南、北两端，规模较大，长者可达 20 km，主要形成于印支运动，在燕山期也有活动。如南部的南刁部落—南林子—上平山逆断层，长 10 km，断

层产状 160°∠74°，上盘的新太古代花岗岩向北逆冲到新元古界石英砂岩之上。

除了上述断层之外，在本区各类岩石中普遍有节理发育，主要为剪节理，其次为张节理。按节理的延伸方向，可分为北东向、北西向、南北向和东西向等4组，其中前两组最为发育。在断层带内及两侧，节理更为发育。

4. 地质发展简史

本区位于中朝准地台燕山台褶带的东段。在古太古代（3 000 Ma 前），中朝准地台在西起内蒙古大青山，向东经山西阳高、河北怀安、遵化、迁安，经本区再向东进入辽宁新金一带，最先出现了海底火山喷发，形成了以火山岩建造为主的迁西群堆积，其中已测得了 3 500 Ma 左右的钐—钕（Sm—Nd）法同位素年龄。在古太古代晚期，中朝准地台出现了初始陆核，并开始了祟壳和洋壳的分异。在距今 3 000 Ma 左右，包括本区在内的华北地区发生了一次重大的构造—变质热事件，造成了迁西群的强烈变质和混合岩化作用，局部可见混合花岗岩。这次构造—变质热事件遗留下来的构造形迹主要是短轴褶皱——穹窿。

新太古代末期，秦皇岛及其周边地区发生了大规模的酸性岩浆侵入。本区所在的山海关台拱区主要就是由新太古代花岗岩组成，整体为一个花岗岩穹窿。

本区缺失古－中元古界，其原因与台拱区西界的青龙－滦县大断裂密切相关。该断裂形成于新太古代晚期，导致了当时沿断裂的海底中基性熔岩喃发。从古元古代初期至新元古代早期，断裂两侧呈明显的差异升降活动，西盘持续下降，堆积了厚达数万米的碎屑岩系和火山岩系；东盘即台拱区则不断隆起，沉积间断，遭受剥蚀并为西盘提供了沉积物源。在新元古代中期，华北地区地壳整体下降，海侵范围急剧扩大，向东越过了青龙—滦县大断裂，直达山海关一带，在本区形成了浅海相的青白口系长龙山组。

在新元古代晚期，即 800~570 Ma 的震旦纪，整个中朝准地台上升成陆，没有接受沉积。在本区表现为早寒武世府君山组假整合于青白口系长龙山组之上。从寒武纪至中奥陶世末期，中朝准地台总体处于海侵环境，地壳运动主要发生在海盆内部，造成海水的升降。在早寒武世出现沉积间断，即馒头组与下伏府君山组假整合接触；而其余时期虽有短期上升，但沉积是连续的，地层之间为整合接触关系。

从晚奥陶世开始，整个中朝准地台再次全面上升，直到中石炭世才重新下降，接受沉积。因此，本区和中朝准地台其他地区一样，缺失这一时期的沉积。

进入中石炭世，中朝准地盒又开始缓慢沉降。中、晚石炭世沉积的主体为一套海陆交互相的含煤碎屑岩。由于遭受了晚奥陶世—早石石炭世的长期风化剥蚀，在古风化面上富集了大量的铁铝质矿物：当海水再次入侵时，富含铁铝质矿物的碎屑岩最先沉积在凹凸不平的风化面上，结果在本溪组底部形成了以残积型为主的山西式铁矿和铝土矿。根据古风化壳中含有较多铝土矿，可知在晚奥陶世—早石炭世，中朝准地台位于低纬度（北纬 10°~20°）地区，以后发生了大规模的水平运动才到达现今的位置。

晚石炭世末期地壳上升，致使中朝准地台的主体到早二叠世基本脱离海洋环境；至晚二叠世海水全部退出华北地区，转变为陆地环境。早二叠世沉积为一套以河湖相、沼泽相为主的含煤碎屑建造，晚二叠世沉积为一套不含煤的河湖相碎屑建造。

早—中三叠世本区外于上升阶段，缺失沉积。中三叠世末的印支运动在东邻辽宁省境内比较强烈，往西进入本区明显减弱。在本区，印支运动造成了下侏罗统下花园组与下伏古生界之间的角度不整合接触关系。

在侏罗纪发生了对我国东部地区影响极为强烈的燕山运动。早侏罗世末的燕山运动 I 幕较弱，在本区表现为由局部掀动而造成的中、下侏罗统之间的弱角度不整合接触关系。中侏罗世以来，地壳活动进一步发展，基底断裂继承性活动，发生了裂隙式火山喷发，并有岩浆侵入，在本区形成了中侏罗统髫髻山组中性火山岩。中侏罗世末的燕山运动Ⅱ幕比较强烈，在北西—南东向挤压应力作用下，广泛发育轴向以北东向为主的褶皱，基底断裂复活并产生新断裂。本区最重要的地质构造——柳江向斜的初始形态就是由燕山运动 II 幕造成的，当时的轴向可能是北东向或北北东向，两翼倾角也应该是都较缓并接近相等的。

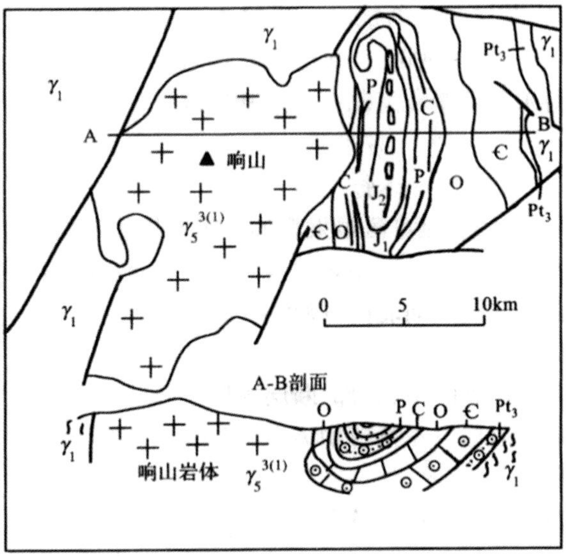

图 4–26　岩浆侵入对柳江向斜形态的影响（据林建平等，2005）

晚侏罗世为地壳剧烈活动时期厂火山活动有中性和酸性岩浆喷发，在本区形成上佚罗统白旗组火山岩。晚侏罗世末发生了剧烈的构造变形和大规模的岩浆侵入活动，即燕山运动的主幂——第Ⅲ幕，在本区形成工大型的花岗岩体，同位素年龄为 137~145 Ma，侵入于白旗组及更老的地层中。位于柳江向斜南端西侧的响山花岗岩基形成于晚侏罗世末期，该岩体侵入时对周围产生侧向挤压，导致柳江向斜的进一步变形（图 4–26）。向斜南端西侧受到由西向东的挤压力，造成褶皱轴向由近北东向或北北东向变为近南北向，向斜西翼地层产状变陡，发育南北向逆断层，局部地层直立、倒转或缺失；而东翼地层受影响很小，倾角较缓，南北向逆断层不发育。在本区，燕山运动 II、Ⅲ幕形成了柳江向斜，使老断裂重新活动，并产生了些新断裂。

在晚侏罗世末发生剧烈构造变形和岩浆侵入运动后，早白垩世地壳活动进入相对平静期，在本区只有一些小岩体和浅成岩脉侵入。早白垩世末的构造运动强度明显减弱，此后直到现在，华北地区构造运动呈减弱趋势，全区总体上升遭受剥蚀，局部地区出现裂谷系和断陷盆地。在本区缺失白恶纪—新第三世的沉积，可见从白垩纪开始，本区处于上升并受到剥蚀的状态。佚罗纪的燕山运动，特别是晚侏罗世末的燕山运动Ⅲ幕，对本区的地质演化过程起到至关重要的作用，这次运动奠定了本区现今构造格局的基本轮廓，以后的地质作用只是在此基础上进行改造而已。

秦皇岛石门寨位于秦皇岛市（海港区）以北 28 km。该区自然地理位于燕山山脉东端，山地属于低山－丘陵，南北走向。实习区域北、西、东三面被陡峻的山地环绕，形成柳江盆地。盆地中西部火山岩分布区地势较陡，相对比高为 200~300 m，最高峰老君峰海拔高程 493.0 m。盆地南坝的大石河是本区最大的水系。

该区气候属于暖温带、半湿润、季风型大陆气候。受海洋气候影响较大，冬季较长，春、夏、秋较短。月平均气温 24.8℃，年降水量在 400~1 000 mm 之间。

实习区域内主要农作物有玉米、小麦、高粱等。山地多种植核桃、柿子、杏、桃等果树，以桃树较多，生产蜜桃。自然植物种类繁多，遍布荆条等灌丛。区内有注明的柳江煤矿，煤质为无烟煤，总储量 2~3 亿 t。

主要实习区域潮水峪村及其周围景观与地貌见图 4–27。

4.7.2　石门寨土壤类型

根据第二次土壤普查结果，按土壤地理发生分类方法，石门寨土壤分为 7 个土纲和 10 个土类，20 个亚类，58 个土属和 141 个土种。主要为水稻土、褐土、粗骨土、褐土、棕壤、潮土、风沙土、滨海盐土和新积土。

4.7.3　石门寨土地利用

1．地区概况

（1）人口和社会经济　石门寨镇位于秦皇岛市抚宁县东北部，距县城 39 km，面积 132.51 km^2，人口 4.49 万人（2002 年）。辖 70 个行政村，镇政府驻石门寨村。交通便利，距秦皇岛市区 20 km，以省级公路秦表线为骨干，村村通公路为辅。辖区工农业并重，工业以采矿业（矿产较为丰富：煤、金、矾土等）、矿产加工业为主，煤矿开采历史悠久，煤质为无烟煤，规模多属于小型煤矿；水泥生产也有一定规模，乡镇工业较为发达；旅游业为该区新兴产业，有柳江国家地质公园、板厂峪旅游区等。农业主要种植水稻、玉米、小麦、高粱、谷子、红薯、豆类等；山坡多种植果树，以桃、葡萄、苹果、核桃最有名，还有梨、山楂、杏、李子、沙果、海棠、板栗等。

（2）地形地貌　秦皇岛石门寨位于秦皇岛市（海港区）以北 28 km。该区自然地理位于燕山山脉东端，属于低山－丘陵，南北走向。实习区域北、西、东三面被陡峻的山地环绕，形成柳江盆地（见前面图 4–25）。盆地中西部火山岩分布区地势较陡，相对比高为 200~300 m，最高峰老君峰海拔高程 493 m。盆地南部的大石河是本区最大的水系。

（3）气候　该区气候属于暖温带、半湿润、季风型大陆气候。受海洋气候影响较大，冬季较长，春、夏、秋较短。历年平均气温为 15℃，1 月份最冷，最低为零下 21.5℃（1959 年），冬季平均为零下 7℃；7 月份最热，最高达 39.9℃（1961 年），夏季平均为 25.7℃。每年 20~25℃的气温占全年的 33%，主要出现在 6—9 月份。年平均降雨量为 695.5 mm，最大降雨量为 1 273.5 mm（1969 年），最小降雨量为 320.1 mm（1979 年），降雨期集中于每年的 7—8 月份，占全年降雨量的 70%~75%，冬季降雪稀少，最大积雪厚度多在 15 cm 以下。本区夏季雨量过于集中，且多以暴雨形式出现。据统计，最大暴雨强度为 215.4 mm/d（1975 年 7 月 30 日），平均降雨强度为 105.6 mm。年最多暴雨日数为 9 天（1969 年），这种雨量分布不均的结果，最易引起旱涝灾害。

（4）植被类型　受多次构造运动影响，区内地质构造复杂，地貌类型多样，包括山地、丘陵、山前平原、冲积平原等，地势北高南低。成土母质包括残积物、坡积物、洪积冲积物、冲积物等。植被属华北植物区系（半旱生森林灌丛草原草甸植被区系），除深山区外，已无原生植被保存，现有植物种类为栎树、桦树、油松、酸枣、荆条等。目前面积最大、分布最广的自然植被是森林遭破坏后次生的灌草丛。次生植被中灌木以荆条、酸枣为主，草本以黄背草、白羊草占优势。

2. 土地资源类型

土地是一个综合的概念，是由气候、水文、地质、地貌、土壤和生物等自然要素与人类活动形成的立体自然经济综合体。它是人类进行生产和生活活动的场所，人类活动对土地的影响日趋增加。由于土地的可利用性与数量的有限性，人们也把土地视为一种自然资源。为了更好地认识土地，需要对土地进行分类研究。从分类学的角度来看，分类过程是以事物的共性为依据，将它们归并为各个类别，再将这些类别排列成某种系统—分类系统。被归类事物的“个体”，可称为分类个体。确定分类个体是建立分类系统的基础工作。由于土地是地表许多大小不一、复杂程度不同的单位所构成的镶嵌体，土地个体单位具有分级性。因此在进行土地分类之前必须首先确定土地分类个体的级别。

通常有 3 个基本土地分级单位。最低级的土地单位一般称为相或土地元素。相（土地元素）是自然特征最一致的土地地段，在其范围内地貌部位、岩性、土质、土壤水含量和排水条件都是一致的，并具有一个小气候、一个土壤变种、一个植被群丛，在土地利用上具有相似的利用性和存在问题。例如，河流阶地的阶面，如果其他自然特点都一致，便是一个低级的土地单位。低级土地单位可以组合为中级的土地单位，通常称之为限区或土地单元。限区（土地单元）是由相（土地元素）组合而成，通常相当于一个由地貌面组合而成的基本地貌单元，在其范围内，水的运动、固体物质的搬运、化学元素的迁移等过程具有共同的发展方向。若干个彼此有联系的中级土地单位可结合为一个内部结构更复杂的高级土地单位，这些高级的土地单位一般称为地方或土地系统，其主要特点是几种中级土地单位在其范围内重复出现，或彼此叠置分布，或沿一定方向平行对称组合分布。除上述基本的土地单位外，还有一些过渡土地单位，如亚限区、复杂限区、亚地方、复杂地方、土地丛、土地链、复杂土地系统等。根据这些基本土地单位和过渡土地单位，可整理出土地分级系统。

土地分类个体级别的确定取决于两个因素：成图最小图斑与制图单位大小尺度之间的关系以及制图目的所要求的精度（制图比例尺）。尹志勇（1987）在 1：20 万比例尺上对秦皇岛市域进行了土地类型分类制图。相应的分类个体的级别是地方。在此基础上按照综合性、主导因素和为生产服务的原则，以土地特征为分类指标，使用卫星影像的解释等手段，对土地个体单位进行归类组合，最后得出一个二级分类系统。

在石门寨区域，主要土地类型见表 4–2：

表 4–2 石门寨主要土地类型

一级分类	二级分类
Ⅰ.落叶阔叶林、中生与旱中生灌草、棕壤与淋溶褐土低山	1. 花岗岩低山 2. 火山岩低山 3. 片麻岩低山 4. 石英砂岩低山 5. 砂页岩低山 6. 石灰岩低山
Ⅱ.旱中生灌草、淋溶褐土与粗骨土丘陵	7. 非花岗岩缓丘 8. 花岗岩缓丘 9. 陡丘
Ⅲ.人工植被、淋溶褐土、潮褐土洪积、冲积平地	10. 砂壤质倾斜平地 11. 壤质缓斜平地
Ⅳ.工植被、潮土冲积平地	12. 砂壤质微起伏冲积平地 13. 壤质冲积平地
Ⅴ.河川地	14. 山地沟谷地 15. 山地河谷地 16. 河床、漫滩地 17. 阶地

3. 土地利用类型

土地利用类型是根据土地的利用功能和经营管理方式以及自然属性进行的综合性分类。我国现行的土地利用分类标准是《土地利用现状分类》国家标准（GB/T 21010–2007）。《土地利用现状分类》采用土地综合分类方法，根据土地的利用现状和覆盖特征，对城乡用地进行统一分类 。《土地利用现状分类》采用二级分类体系。一级类 12 个，二级类 57 个。各省根据本省的具体情况，可在全国统一的二级分类基础上，根据从属关系续分三级类，并进行编码排列，但不能打乱全国统一的编码排序及其所代表的地类及含义。

一级类的设定主要考虑土地用途、利用方式及经营特点等。依据土地用途和利用方式，考虑到农、林、水、交通等有关部门需求，设定“耕地”、“园地”、“林地”、“草地”、“水域”、“交通运输用地”；依据土地利用方式和经营特点，考虑到城市管理等有关部门的需求，设定“商服用地”、“工矿仓储用地”、“住宅用地”、“公共管理与公共服务用地”；为了保证地类的完整性，对上述一级类中未包含的地类，设定“其他土地”。

二级类是依据自然属性、覆盖特征、用途和经营目的、利用条件等方面的土地利用差异，对一级类进行具体细化。如一级地类“耕地”（按用途）根据利用条件，续分了“水田”、“水浇地”和“旱地”三个二级类型。

土地利用类型的具体划分及定义参见《土地利用现状分类》（GB/T 21010–2007）。

石门寨镇实地考察点潮水峪村的主要土地利用类型见图 4–27。

图 4–27　潮水峪村卫星影像图（据 Googel earth 制作）

卫星图像显示，该地区主要土地利用类型有：①耕地，包括旱地和水浇地；②园地，主要为果园；③村庄；④林地，包括灌木林地和有林地；⑤工矿仓储用地，主要为工业用地和采矿用地，在潮水峪地区主要有采石场和水泥厂；⑥水域，主要为坑塘水面。其他土地利用类型包括交通道路用地、荒草地等。

实地考察可以发现，当地土地利用类型以耕地、园地等农用地为主，其中耕地多为旱地，分布于丘陵缓坡，多为梯田形式；在河川地有水浇地分布，属于当地优质耕地。耕地主要种植类型为玉米，条件较好的耕地有一定数量蔬菜种植。当地园地数量也较多，多数分布于丘陵缓坡地带，种植品种主要有桃、核桃和板栗等。在海拔较高和坡度较大的地形地貌部位，有一定数量林地，包括有林地和灌木林地。村庄主要分布于河川和沟谷地带。区域内有一定数量工矿用地，工业用地主要为水泥厂和乡镇或村办企业以及采石场。

4. 当地土地资源利用存在的问题

（1）土地垦殖率比较高，但是耕地质量总体较低　从遥感影像分析，耕地大部分为旱地，没有人工灌溉条件，属雨养农业，受气候因素影响大。另外大部分丘陵缓坡耕地已经修建梯田，但是多数梯田比较简易。

（2）建设用地利用粗放，集约度低　该地区建设用地主要为村庄和工矿用地，其村庄具有典型的中国北方山区农村居民点特征，村庄建筑比较集中，但是由于近年来劳动力转移，农村常住人口降低，有一定数量房屋院落处于荒废或无人居住状态，“空心村”现象比较明显。另一种主要的建设用地类型是工矿用地，该地区采矿业和水泥工业比较发达，构成工矿用地主要用途，遥感影像和实习考察路线上可以看到多处水泥厂和采石场。这些建设用地的利用方式比较粗放、也不利于生态环境的持续发展，整体处于初级和粗放的利用状态。

（3）存在地质灾害风险　石门寨地处柳江盆地，矿产资源丰富，采矿业发达且历史悠久，地下采空区面积较大，在土地利用上存在地质灾害风险。根据郝文辉等（2011）做的秦皇岛市地质灾害土地资源易损性评价结果，石门寨镇在地面塌陷的土地资源综合易损性区划和地裂缝的土地资源综合易损性区划中均处于易损性极高的区域。

5. 土地整治方向

石门寨镇土地利用在该区域具有一定代表性，实习路线沿途发现的土地利用中存在的问题表明当地土地整治主要方向包括三个方面：

（1）通过农村建设用地整治，提高村庄和农村工矿用地集约度　当地村庄多分布于河川和沟谷地带，土壤和水资源条件在该地区属于最优，但是村庄内部空间格局不合理，村庄普遍存在空心村现象。通过村庄整治，可以大大提高农村居民点用地集约度。村庄整治的主要途径包括因地制宜的采取村庄空间格局优化和前村并点等。此外当地农村工矿用地较多，特别是采石场等用地，不但占地面积大，而且破坏土地景观、污染环境，也不符合当地发展旅游经济的总体发展趋势，应该逐步降低这类土地的使用。农村建设用地整治一方面可以改善村容村貌和农民生活质量，还可以在确保建设用地总面积不变的前提下，提高城镇化和工业用地集约集中，从整体上优化区域土地利用空间格局。

（2） 大力开展土地整理，提升耕地质量　该地区耕地以旱地为主，还有一定数量坡耕地，通过土地整理，采取各种措施，对田、水、路、林、村综合整治，可以提高耕地质量，增加有效耕地面积，改善农业生态条件和生态环境。土地整理的主要内容包括调整农地结构，归并零散地块；平整土地，改良土壤；道路、林网、沟渠等综合建设。

（3）适当开发后备土地资源　根据葛京凤等（1996）对秦皇岛后备土地资源开发条件评价结果，抚宁县后备土地资源总面积约 2 万 hm^2，其中开发条件较好、开发潜力最大的三四等后备土地资源面积分别为 5 456. 5 hm^2 和 2 742. 6 hm^2，可优先发展种植业和果树。

4.7.4　重点观察内容

（1）观察潮水峪沟底　观察两种不同的岩性的交错现象。一种为沉积岩（灰岩），另一种为岩浆岩（辉绿岩）。这是由于燕山运动期间岩浆岩侵入到沉积岩层造成的。

观察浅成岩脉的走向。地点在上一观察点的上方。分析其岩性构型。

（2）观察自然植被的种类　了解该地区的岩性与土壤形成、植被分布的关系，生态环境状况；考察地点在潮水峪右侧的山丘；

（3）考察该地区的山地土壤、土地利用状况、调查施肥量、施肥方式以及作物产量等。

思考题

（1）如何定义滨海淤泥质海岸？有何特点？

（2）近百年来，天津海岸线有哪些变化？有哪些类型的人类干扰活动？

（3）滩涂有那些开发利用方式？

（4）滩涂生态系统经人类经营活动干扰后有哪些生态响应？

（5）针对目前开发利用现状，结合区域生态问题，你有那些生态系统恢复的建议？

（6）什么是滨海盐渍土？有那些特征？

（7）滨海盐渍土改良的制约要素有那些？

（8）滨海盐渍土有那些改良方式？谈谈你的想法。

（9）沿海防护林包括那 7 带？针对考察期间不同海岸类型，各说出两种主要的防护林树种？

（10）沿海防护林的主要功能是什么？

（11）天津滨海植被分布有什么特点？

（12）天津滨海植物群落的演替的基本规律是什么？

（13）天津滨海有那些植被景观？各有何特点？空间分布上有什么规律？

（14）鹰角石（海蚀崖）靠海洋一侧的陡壁上有 3 层不同海拔高度的海蚀凹槽，有什么地质意义？

（15）岩性对海岸地貌形成的影响。

a. 观察沙堤—潟湖海岸的地貌特征；

b. 观察砂粒的组成和粒度特征；

c. 了解七里海潟湖的形成和演化过程。

参考文献

柴寿喜，杨宝珠，王晓燕，等 . 渤海湾西岸滨海盐渍土的盐渍化特征分析 . 岩土力学，2008，29（5）：1217–1222

房用，朱宪珍，王清彬，等 . 浅谈泥质海岸沿海防护林体系建设 . 防护林科技，2004，4（61）：35–38

葛京凤 . 秦皇岛市后备土地资源开发条件研究 . 地理学与国土研究，1996，12（3）：16–20

海春兴，陈健飞 . 土壤地理学 . 北京：科学出版社，2010: 142–143

第 5 章　地学综合实习总结

室内总结也叫后期内业阶段，与野外调查同样重要。它是通过对外业调查获取的各种资料进行系统化整理，重构农业资源与环境专业野外调查理论和方法模式，提高各自专业知识在农业资源利用和保护的综合运用能力，进一步激发专业理想和定位。因此，必须做好室内综合实习总结的组织管理工作，保证野外实习成果和目的的有效实现。实习总结主要包括：野外景观模式建立，3S 技术支持下的区域综合解译制图，资源开发与环境保护相关实习报告。

5.1　野外景观模式建立

土壤景观模式或进一步延展的土地利用景观模式是农业资源与环境相关专业外业调查的基本理论和模式，通过对不同气候地理类型下的典型景观样点调查和描述资料的整理，以及简单的化验分析工作，进一步完善土壤模式或土地利用景观模式的认识。一般包括工作日记和景观剖面的记录表、相关样本等。工作笔记（日记）的整理，主要是对在野外所观察的现象和问题的一些初步认识，对其进行梳理，等于对整个野外实习过程作总体回忆，以加深在外业的思考和问题的系统化，为后续室内总结提供参考。剖面记录等表格资料的检查与整理，通过各成员和小组间的对比检查，将记载的错误和遗漏进行纠正和补充，对各样点按照不同气候、地理和景观类型分门别类进行比较和简单统计，对一些需要进一步处理的样本，可进行相关化验分析，为后续各景观模式理解提供证据。

景观，最朴素的认识就是行走期间的人所看到的景象，可叫风景。进一步而言体现专业认识，是指可重复出现的不同地表形态结构，最后就是各资源环境专业综合抽象形成的一个关系模式综合体，如土壤—景观，感应和量化景观类型要素（气候、地形地貌、岩性、母质与植物等覆被）与土壤类型和属性的关系。只有建立各专业景观模式，才有可能灵活运用各专业知识对一个地区或区域进行各资源类型调查与制图，为后续的资源开发与环境保护提供科学基础。针对实习区域，重点建立温带半干旱大陆性季风气候区、暖温带半湿润、季风型大陆气候区以及两者间经度地带性的土壤 - 景观模式、土地类型景观模式等，通过对地貌学、土壤地理学和土地资源学等相关专业课程的反复研读和各典型景观资料的整理，不断地验证、检验。

5.2　Google Earth 在野外实习中的应用

在建立了野外景观模式后，可以在地理信息系统和遥感等技术支持下，分各自专业对象，开展实习区域的综合系列制图，如农业地貌类型图、土壤类型图、土地资源图、土地利用覆被图等。下面主要针对 Google Earth Software 提供的遥感资料、遥感解译的一般过程等进行简单介绍，指导室内制图。

5.2.1　Google Earth 辅助野外实习和室内总结

谷歌地球（Google Earth，GE）是一款Google公司开发的虚拟地球仪软件，它把卫星照片、航空照相和GIS布置在一个地球的三维模型上，其使用了不同尺度分辨率的基础地理信息、受许可的航空、KeyHole间谍卫星和很多其他卫星所拍摄的遥感影像。全球地貌影像的有效分辨率至少为100 m，通常为30 m（如中国大陆），针对大城市、著名风景区、建筑物区域会提供分辨率为1 m和0.5 m左右的高精度影像。针对桌面推出了3种不同的版本：Google地球、Google地球专业版和Google地球企业版。软件支持多终端浏览应用。在功能方面，依据不同的版本（免费版、加强版、专业版）功能有所不同，包括长度测量（折线）、坐标和高程查询、屏幕截图、添加标注、三维动态显示；GPS导航、线段和多边形绘制功能；多边形面积测量、高分辨率图像的输出及蓝图叠加等功能。

谷歌地球功能：①可以对野外实习路线和景观样点可提供快速浏览，浏览视角支持倾斜或旋转，在开启了“Terrain”效果的情况下可以观察到以3D方式显示的高原、山地等地形地表，影像地图立体化和实景化趋势，在外业前可以实现仅次于亲临现场的视觉体验，在内业可以进一步强化各景观模式；②其次根据野外实习路线和样点位置，对样点景观进行简单的属性量测，如测量长度，高度和地形特征，通过添加自己的注释，制作自己的典型路线实习指南，在内业可进行典型样区景观模式的遥感解译，通过草图简绘功能（点、线、面的标注）进行各专业制图的解译标志和样区制图；③通过显示不同年份卫星影像数据，了解样区随时间推移而发生的景观和人类活动变化，加深对产生的资源环境问题的思考。最后有编程基础和感兴趣的同学可尝试在谷歌地球基础上开发出自己的实习网站和应用，将实习内容和谷歌地球整合起来。

5.2.2　Google Earth 辅助遥感解译制图

谷歌地球是一个集成了地理基础信息和遥感影像的信息系统，不仅让实习能够可视化而且非常清晰地研究、观看、欣赏实习区域，同时还为各专业解译制图提供不同比例尺正射影像图，通过草图简绘功能（点、线、面的标注）提供了数字化环境支持人机交互式主业地图解译判读，充分利用不同年份的影像信息，加快屏幕数字化速度。

根据目视解译一般原理和方法，参考典型景观样地进行的景观模式，结合高分辨率遥感影像，建立工作区典型地类影像图库，在此基础上建立各专业类型解译标志。建立解译标志应从遥感影像特征入手，可归纳为形态、大小、纹理、色调、阴影、位置和关联7个方面。在各数据图层的支持下，对比不同时期遥感图像进行地类提取，逐个图斑进行判读。判读人员在对图形进行分析时，应具有较强的综合单一和简单影像要素的能力以及它们随比例尺不同而变化的知识。其实际就是充分利用建立的景观解译模式，进行区域地学特征分析，就是根据各种要素和现象之间的相互关系及地理分布的规律，从而确定不易判断的类型。在影像解译时应充分使用谷歌地球中的区域地理数据，如数字高程数据、专题图数据等，它们具有较准确的属性信息和空间信息，再结合遥感图像的其他特征空间优势互补来实现提取和解译。建议每一团队对根据专业分别开展实习区域的综合系列制图，如农业资源利用负责农业地貌类型图、土壤类型图，土地资源与管理专业负责土地资源图、土地利用图，生态专业负责植物区系覆被等。

5.3 实习报告的撰写

在完成系列专题图件后，针对各自外业发现的问题，进行资源环境问题的评价分析和政策建议，开展实习报告的编写阶段。实习报告除共同的实习目的外，各团队自己应有一个明确的资源环境问题作为主线，从室内实习预备阶段，根据上几届实习报告和当前资源开发和环境保护的热点，确定自己团队的主题，进行针对性查阅资料，典型样点景观调查的侧重点，外业实习实施阶段，最后室内工作阶段，进行系统完整论述。有了科学实践的积累，一定要打开自己的视野，在一个更加广阔的领域里去检验、审视自己专业的景观模式如何与遥感和 GIS 技术结合，开展区域资源环境领域的应用，恰如其分地去创新。

参考文献

林培 . 现代土壤调查技术 . 北京：科学出版社，1988
林培 . 土地资源调查与监测 . 中国农业大学网络教育学院（内部教材），2005
孙丹峰 . 土地利用 / 覆被遥感分析 . 北京：中国大地出版社，2006

附录　相关内容背景知识

地质学基础

一、各类代表性矿物的主要鉴定特征

矿物名	颜色	光泽	解理与断口	硬度	相对密度
滑石	白色、淡绿	玻璃，解理面珍珠	一组极完全解理	1	2.55~2.58
白云母	无色、浅彩色	玻璃、解理面珍珠	一组极完全解理	2.5~3	2.77~2.88
钾长石	主要肉红色，有时灰白色	玻璃	两组完全解理	6	2.54~2.57
斜长石	灰白色	玻璃	两组完全解理	6~6.25	2.61~2.75
石英	无色	断口油脂	贝壳断口	7	2.65
普通辉石	绿黑色	玻璃	有平行于柱状方向的两组解理	5.5~6	3.2~3.4
普通角闪石	黑色	玻璃	有平行于柱状方向两组解理	5~6	3.02~3.45
橄榄石	黄绿色	玻璃	贝壳状断口	6~7	3.2~4.4
黄玉	浅黄、浅蓝、浅绿	玻璃	一组完全解理	8	3.52~3.57
石榴子石	浅黄白、深褐、黑色（随铁含量增高加深）	玻璃	贝壳状或参差断口	6~7.5	4
高岭石	白色	土状	土状断口	2~3.5	2.61~2.68
方解石	白色、红色、灰色	玻璃	三组完全解理	3	2.6~2.8
白云石	灰白色，浅黄	玻璃	三组完全解理，解理面弯曲	3.5~4	2.85
磷灰石	灰白、绿、褐黄	玻璃，断口油脂	解理不发育	5	3.1~3.2
石膏	白色	玻璃	一组极完全解理	2	2.3

续表

赤铁矿	暗红、土红、铁黑色	金属－半金属	无解理	5.5~6	5.0~5.3
磁铁矿	铁黑色	半金属	无解理	5.5~6	5.1~5.2
刚玉	蓝灰、黄灰、紫	玻璃	无解理	9	3.95~4.10
黄铁矿	浅铜黄色	强金属	无解理	6~6.5	4.9~5.2
黄铜矿	铜黄色	金属	无解理	3~4	4.1~4.3
萤石	无色、白色、绿色、黄色、紫色	玻璃	有四组完全解理	4	3.18
金刚石	无色、灰黑、黑	金刚	有一组中等解理	10	3.50~3.52

二、岩石的主要种类

沉积岩	岩浆岩	变质岩
砾岩	花岗岩	板岩
砂岩	似斑状花岗岩	千枚岩
长石砂岩	花岗闪长岩	片岩
粉砂岩	流纹岩	片麻岩
黑色页岩	闪长岩	石英岩
紫色页岩	闪长玢岩	大理岩
碳质页岩	安山岩	蛇纹岩
油页岩	正长岩	角岩
泥岩	辉长岩	变粒岩
石灰岩	玄武岩	角闪岩
竹叶状石灰岩	橄榄岩	
鲕粒灰岩	集块岩	
白云岩	火山角砾岩	
硅质岩	凝灰岩	

三、岩浆岩分类表

化学成分分类		超基性岩	基性岩	中性岩		中酸性岩	酸性岩
岩　类		橄榄岩—苦橄岩类	辉长岩—玄武岩类	闪长岩—安山岩类	正长岩—粗面岩类	花岗闪长岩—英安岩	花岗岩—流纹岩类
SiO_2 含量 /%		＜45	45~53	53~66		＞66%	
颜　色		黑—绿黑	黑灰—灰	灰—灰绿	肉红—灰红	灰白	肉红—灰白
矿物成分	石英	无	无或极少	少，＜5%	极少	多，20%	多，＞20%
	正长石	无	无	极少	主要，40%	<30%	主要 30~40%
	斜长石	基性少,<15%	基性为主,>50%	中性为主,50%	极少	主要偏中性,>60%	酸性,<30%
	主要暗色矿物及其含量	橄榄石（主）、辉石（次）>95%	辉石（主）、橄榄石（次）、角闪石，40%~50%	角闪石（主）、黑云（次）、辉石，25%~40%	角闪石（主）、黑云母（次），10%~20%	角闪石（主）、黑云母（次），15%	黑云母（主）、角闪石（次），0–10%

岩石产状			构造	结构	岩石类型					
喷出岩		岩流岩被	气孔杏仁流纹块状	玻璃质	火山玻璃岩（黑曜岩、珍珠岩、松脂岩、浮岩）					
				隐晶质斑状	苦橄岩、科马提岩	玄武岩	安山岩	粗面岩	英安岩	流纹岩、
侵入岩	浅成岩	岩脉岩墙岩盘岩床	气孔块状	伟晶、细晶等	各种脉岩（伟晶岩、细晶岩、煌斑岩等）					
				细粒斑状	金伯利岩	辉绿岩、辉绿玢岩	闪长玢岩	正长斑岩	花岗闪长斑岩	花岗斑岩、石英斑岩
	深成岩	岩株岩基	块状	中、粗粒等粒、似斑状	橄榄岩、辉石岩	辉长岩	闪长岩	正长岩	花岗闪长岩	花岗岩

注：玢岩指斑状结构，斑晶成分是斜长石的中、基性岩的浅成岩或部分喷出岩。斑岩指斑状结构，斑晶成分是钾长石或石英

七、中国各地层中主要矿产表

<table>
<tr><th colspan="3" rowspan="2">地质时代</th><th rowspan="2">主要矿产</th><th colspan="2">地层出露面积</th></tr>
<tr><th>面积 /km²</th><th>占出露总面积 /%</th></tr>
<tr><td rowspan="11">显生宙</td><td rowspan="2">新生代</td><td>第四纪</td><td>砂矿、盐类、泥炭、浅层天然气、地下水、地热、高岭土、砂石</td><td rowspan="2">3 955 810</td><td rowspan="2">46</td></tr>
<tr><td>第三纪</td><td>石油、天然气、煤、硅藻土、高岭土、建筑石料</td></tr>
<tr><td rowspan="3">中生代</td><td>白垩纪</td><td>煤、石油、天色气、油页岩、铜、建筑石料</td><td rowspan="3">2 457 700</td><td rowspan="3">28.5</td></tr>
<tr><td>侏罗纪</td><td>煤、石油、天然气、铁、膨润土、珍珠岩、沸石、建筑石料</td></tr>
<tr><td>三叠纪</td><td>煤、石油、天然气、油页岩、石膏、石灰石、钠盐、钾盐</td></tr>
<tr><td rowspan="6">古生代</td><td>二叠纪</td><td>煤、铝土矿、石油、天然气、油页岩、耐火黏土、石灰石、高岭土</td><td rowspan="6">1 519 100</td><td rowspan="6">17.7</td></tr>
<tr><td>石炭纪</td><td>煤、铝土矿、石油、天然气、耐火黏土、石膏、石灰石</td></tr>
<tr><td>泥盆纪</td><td>铁、锰、磷、金、石膏、石灰石</td></tr>
<tr><td>志留纪</td><td>锰、磷</td></tr>
<tr><td>奥陶纪</td><td>天然气、白云岩、石灰石、石膏、铁</td></tr>
<tr><td>寒武纪</td><td>磷、铁、锰、铀、稀土、硫、重晶石、天然气</td></tr>
<tr><td rowspan="2">元古宙</td><td>中－晚元古代</td><td></td><td>磷、大理石、铁、锰、铜、稀有金属、稀土、金</td><td rowspan="2">596 300</td><td rowspan="2">6.9</td></tr>
<tr><td>早元古代</td><td></td><td>铁、铜、铅锌、石墨、硼、菱镁矿、金</td></tr>
<tr><td rowspan="2">太古宙</td><td>晚太古代</td><td></td><td>铁、铜、金</td><td rowspan="2">73 700</td><td rowspan="2">0.9</td></tr>
<tr><td>早太古代</td><td></td><td>铁、金、石墨、云母</td></tr>
<tr><td colspan="4">各地质时代地层出露总面积</td><td>8 602 610</td><td>100.0</td></tr>
</table>

八、第四纪地质年代简表及中国第四纪地层

纪（系）	世（统）	年代 MaB.P.	中国东部地区冰期	欧洲阿尔卑斯地区冰期	中国第四纪地层
第四纪（系）（Q）	全新世（统）Qh		冰后期		未建
		0.01			
	晚（上）更新世（统）Qp^3		大理冰期 庐山－大理间冰期 庐山冰期	玉木冰期 里斯－玉木间冰期 里斯冰期	萨拉乌苏阶（期） [马兰阶（期）]
		0.14			
	中（中）更新世（统）Qp^2		大姑－庐山间冰期 大姑冰期	民德－里斯间冰期 民德冰期	周口店阶（期） [离石阶（期）]
		0.73			
	早（下）更新世（统）Qp^1		鄱阳－大姑间冰期 鄱阳冰期	恭兹－民德间冰期 恭兹冰期	泥河湾阶（期） [午城阶（期）]
		2.60			

注：源自《地球科学大辞典》（基础科学卷）编委会 编，2006

九、第四系沉积物成因类型

大类	成因系列	成因组	成因类型	主要营力作用
陆地沉积环境	风化系列	残积物	碎屑堆积	物理风化
			风化壳	化学风化
	重力系列	重力堆积	崩积	重力作用
			滑坡堆积	重力作用
			土溜堆积	重力作用
	流水系列	坡积物	坡积物	坡面片状流水
		洪积物	洪积扇堆积	暂时性洪流
			泥石流堆积	
		冲积物	河流堆积	经常性流水
	湖泊系列	湖积物	正常湖泊沉积	机械沉积作用
			盐湖沉积	化学沉积作用
	风力系列	风积物	风沙堆积	风力作用
			黄土堆积	风力作用
	岩溶系列	岩溶堆积	洞穴堆积	机械作用
			石灰华堆积	化学沉积作用
	冰川系列	冰川堆积	冰碛物	冰川作用
			冰水沉积	冰融水作用
			冰湖沉积	静水作用（寒区）
	生物系列	生物堆积	泥炭堆积	沼泽生物作用
			土壤	生物化学作用
			生物碎屑堆积	生物沉积作用
	火山系列	火山堆积	火山碎屑堆积	火山沉积作用
			熔岩堆积	熔岩流
	构造系列	断层构造岩	断层角砾岩	断裂作用
			断层泥	断裂作用
	人为系列	人工堆积	工程建设堆积	人工作用
			工业废碴堆积	人工作用

续表

大类	成因系列	成因组	成因类型	主要营力作用
海陆过渡环境	海陆交互系列	三角洲堆积	水上平原沉积	河流作用为主
			水下平原沉积	海、河共同作用
			三角洲前缘沉积	海洋作用为主
海洋沉积环境	波浪—潮汐系列	滨海沉积（海岸沉积）	海滩海岸沉积	海浪作用
			障壁岛—潟湖海岸沉积	波浪—潮汐作用
			潮坪沉积	潮汐作用
	海流系列	浅海沉积（大陆架沉积）	生物礁沉积	生物作用
			陆架沉积	海流作用
			残留沉积	陆地营力作用
	深海系列	大陆坡沉积	浊流沉积	重力作用
			海底滑坡沉积	重力作用
		深海沉积	黏土堆积	胶体凝聚作用
			生物软泥沉积	生物作用
			铁锰结核	化学作用
			海底火山堆积	火山作用
			宇宙尘堆积	宇宙降尘作用
			冰筏堆积	浮冰作用

十、常见矿物照片

石英

蔷薇石英

钾长石——肉红色条纹长石

钾长石——正长石晶簇（刘新国 摄）

斜长石

金云母

墨绿色绿辉石集合体

角闪石集合体

橄榄石

石榴子石

蓝晶石

蛇纹石

带析离体（深色）的花岗闪长岩

伊丁玄武岩

角闪闪长岩

玻屑凝灰岩

黑色页岩

钙质页岩

含植物化石的炭质页岩

粉砂岩

石英砂岩

长石砂岩

砾岩（刘新国　摄）

高岭石黏土岩

条带状含硅灰岩

鲕粒灰岩

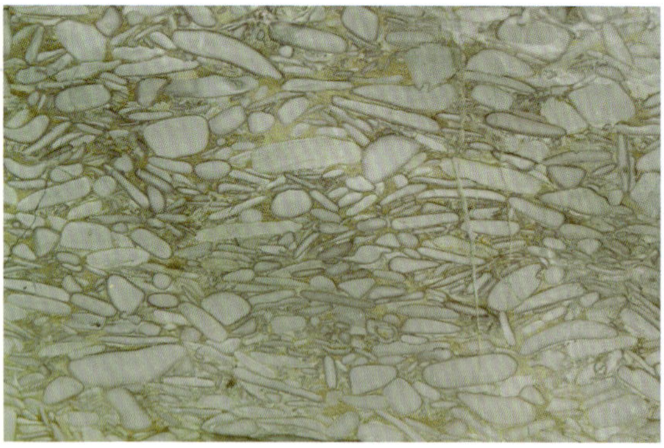

竹叶状灰岩

含珊瑚化石灰岩

含三叶虫化石灰岩

沉积岩中的假化石——树枝石（锰的氧化物结晶）

燧石条带白云岩

含浮游生物的泥质粉砂岩

板岩

白云母石英片岩

十字石、石榴石云母片岩

花岗片麻岩

白云质大理岩

石英岩

榴辉岩

方柱石黑云母片岩

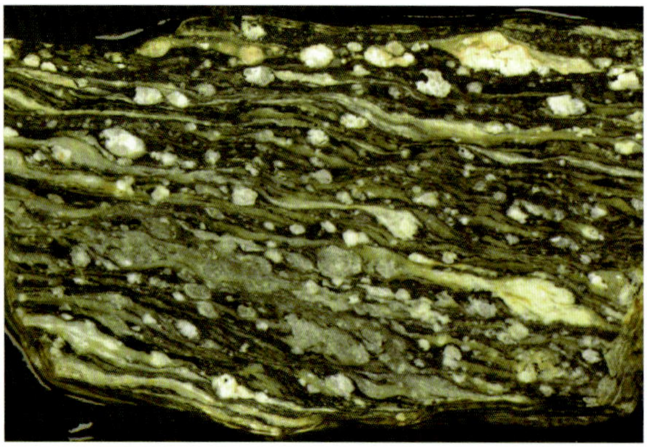

糜棱岩

蛇纹岩

（除署名外的矿物、岩石照片由王数拍摄）

Ⅱ 华北地区地质与地貌相关参考图件

一、华北平原地貌类型图

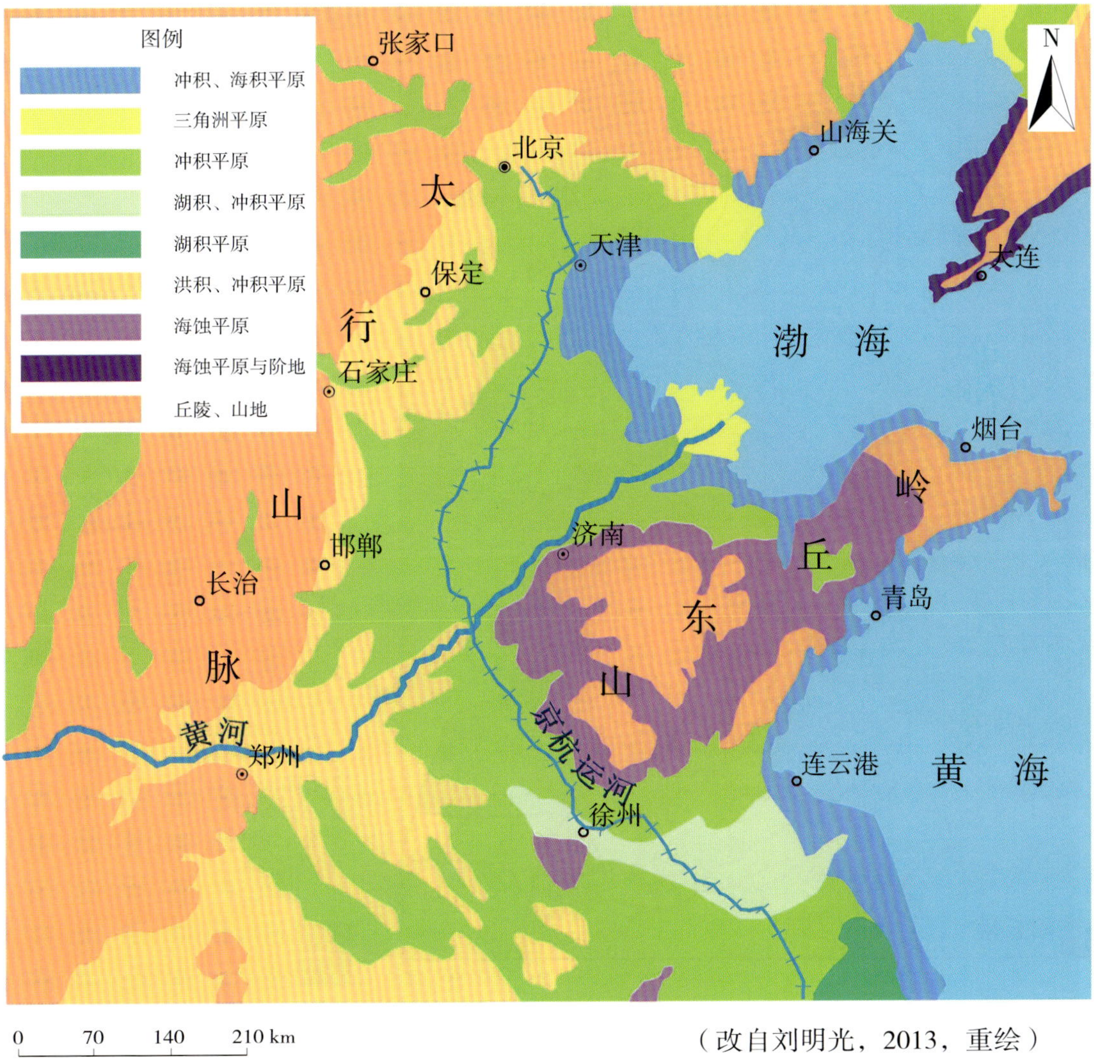

（改自刘明光，2013，重绘）

四、海河水系流域图

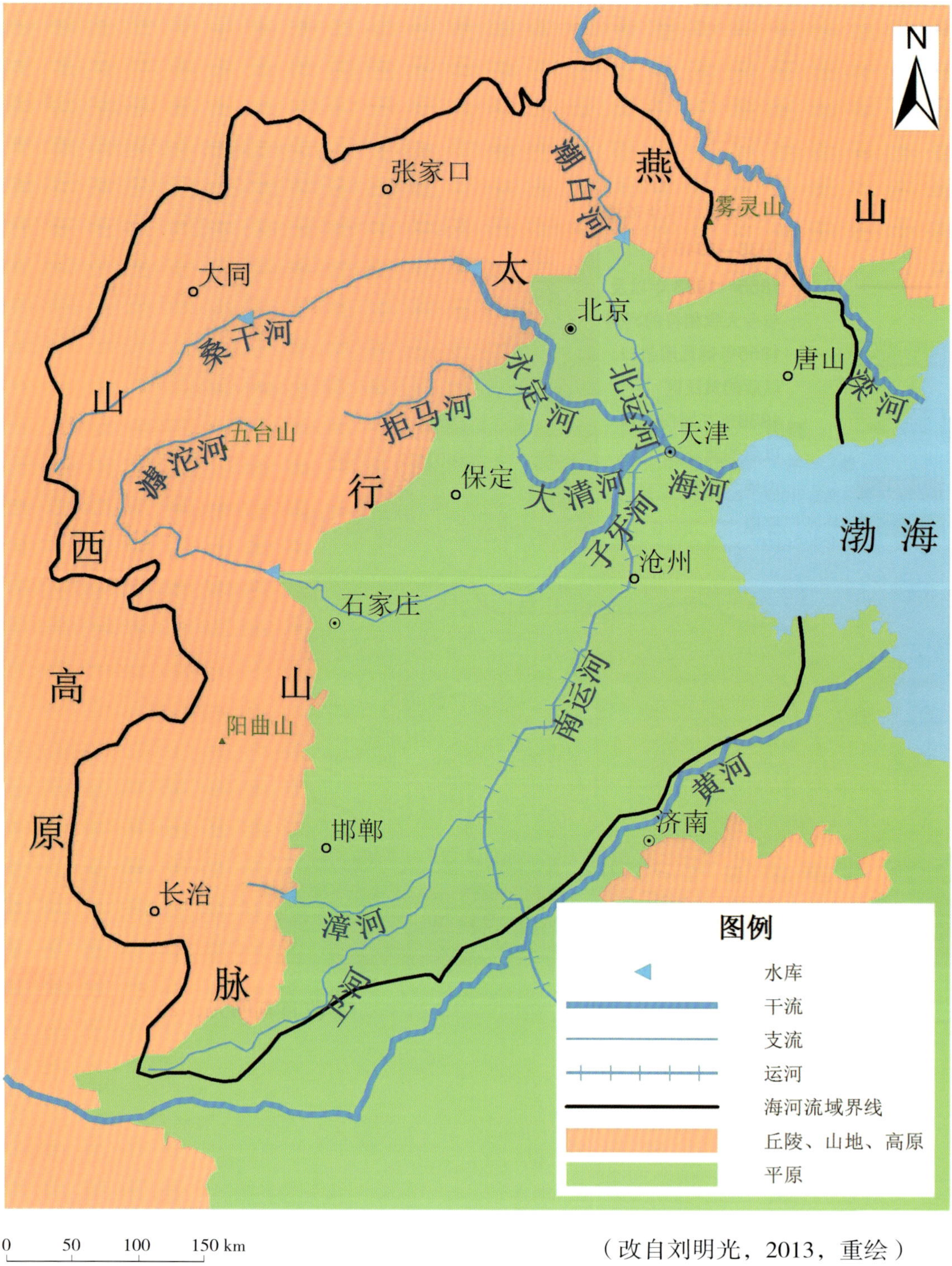

（改自刘明光，2013，重绘）

五、山西地台近期升降及断裂系统图

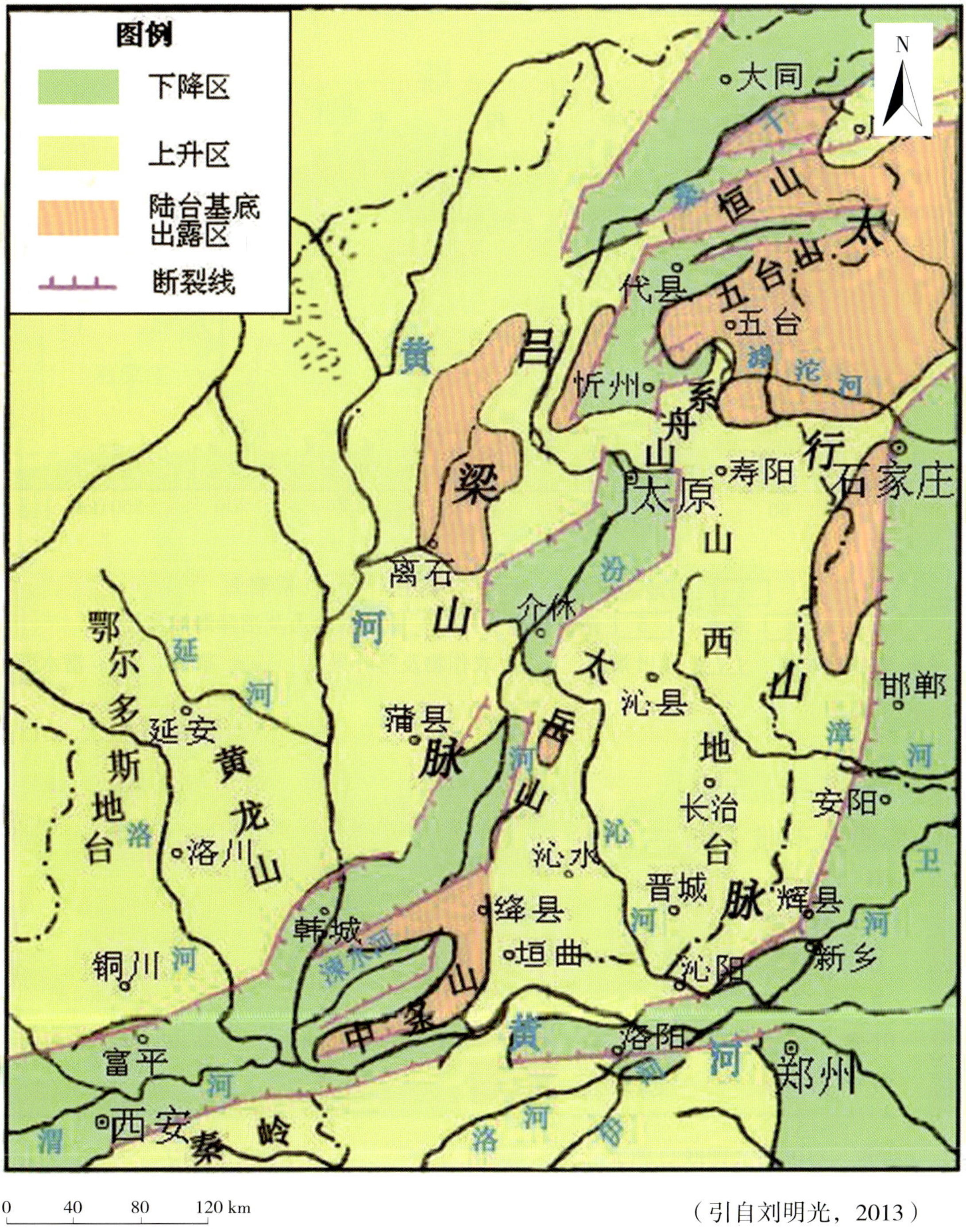

（引自刘明光，2013）

八、北戴河地形简图

北戴河地形简图

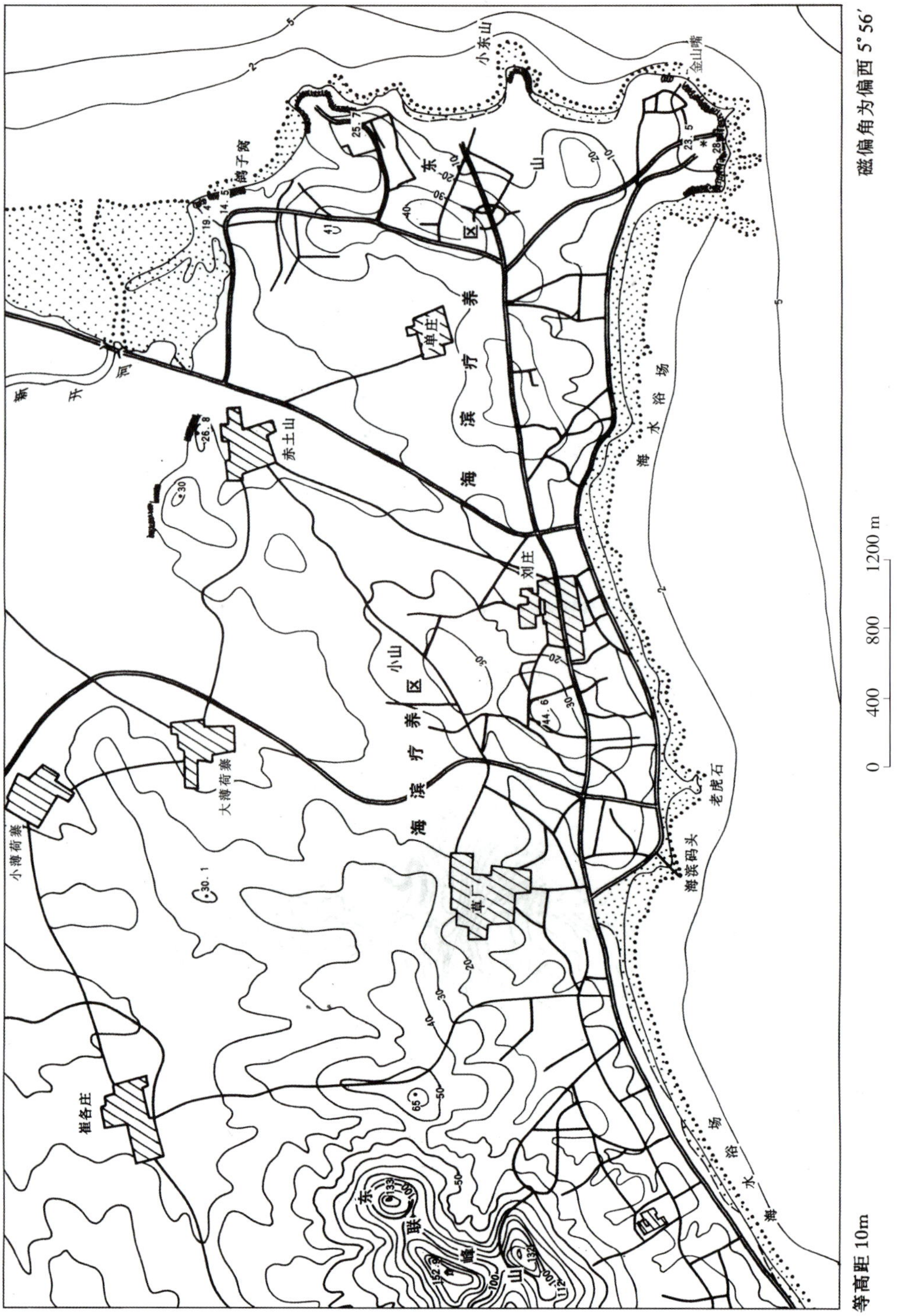

（引自林建平等，2005）

九、河北省阳原县（井儿沟——虎头梁）第四纪地质图

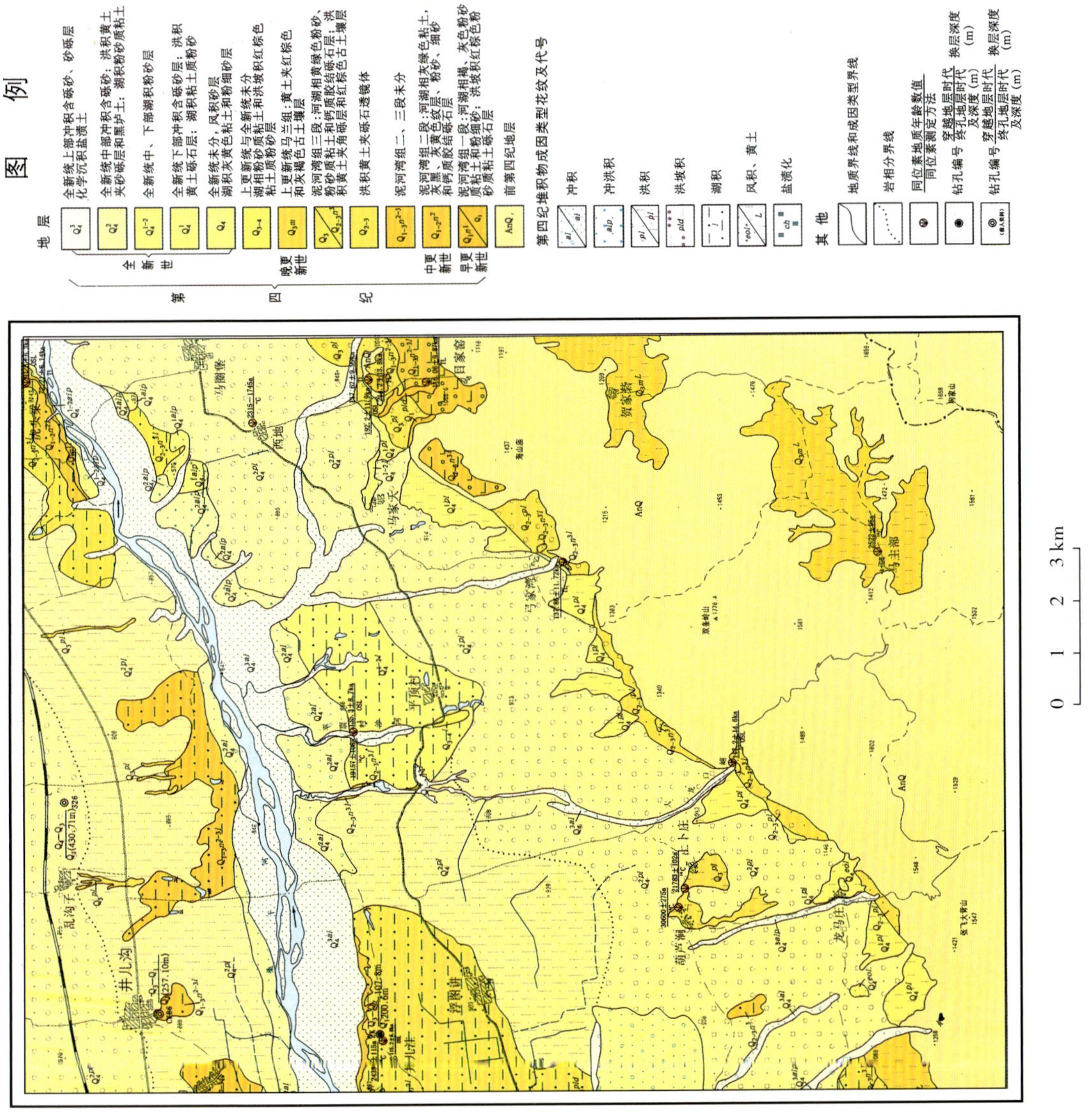

（引自闵隆瑞等，2003）

该土系的特征层　厚约 80 cm 的上下两层黏化层，上部 40 cm 无铁斑纹，下部 40 cm 中有铁斑纹。

对比土系　与房山二合庄系相比，两者均位于冲积平原，母质为冲积物，强石灰反应。区别在于，亚类不同，二合庄系土体中无氧化还原现象，属于普通简育干润淋溶土，而本土系属于斑纹亚类。与赵各庄系、白庙村系土族都相同，但是赵各庄系黏化层厚度大于 1 m，氧化还原现象在 120 cm 处出现；白庙村系氧化还原现象在 38 cm 处即出现，底部有砂姜；而本土系黏化层厚 80 cm，氧化还原现象在 70cm 处出现。

生产性能综述　地形平坦，土层深厚，通透性较好，内排水条件较好；土壤上层壤质土、下层砂质土，保水保肥性能不太好，比较适宜作物生长。

工程性能和环境性能综述　上层土体质地适中，宜于作公路的路基、堤坝和其他建筑物基础物质。下层砂质，松散，做地基基础不牢。种植作物施肥被淋失的可能性大，可能污染水源。

KBJ–07 景观

KBJ–07 剖面

伊庄村系（Yizhuangcun Series）

编号：KBJ–09

土族名称：壤质混合型石灰性温性 – 普通简育干润雏形土

拟定者：孔祥斌，张青璞　　拟定日期：2012.8.17

核定者：孔祥斌　　审定日期：2012.12.5

环境条件　处于暖温带半干旱半湿润大陆性季风气候条件下；冬春干旱多风，夏季炎热多雨，秋季天高气爽；降水集中在 7–8 月份，占全年的 70%；降雨年际间变化大，而且多大雨，甚至暴雨。其地形为平原，属温性湿润土壤。渗透稍快，内排水很少饱和。土地利用类型为耕地，植被主要为蔬菜等。

代表性单个土体 剖面 2010 年 9 月 7 日采自大兴区魏善庄镇伊庄村，39° 40′ 20.7″ N，116° 27′ 24.98″ E。母质为冲积物，海拔 26 m，耕地。大致对应第二次土壤普查的典型潮土。

Ap 耕作层：0~38 cm，暗棕色（10YR 4/3，润），壤土，屑粒状结构，疏松，稍黏，稍塑，少量细浅根系，孔隙为管道状细孔，孔隙度中，中量细小裂隙，少量蚯蚓和蚯蚓孔，轻度石灰反应，pH 8.13，清晰平滑边界。

Bw1 雏形层：38~60 cm，黄棕色（10YR 5/4，润），砂质壤土，小棱块状结构，松散，无塑，无黏，很少量细浅根系，孔隙为粒间很细孔，孔隙度中，轻度石灰反应，pH 8.05，清晰平滑边界。

2Bw2 雏形层：60~82 cm，暗棕色（10YR 4/3，润），粉砂壤土，中等片状结构，坚实，极黏，强塑，很少量极细浅根系，孔隙为管状很细孔，孔隙很细，孔隙度低，少量蚯蚓和蚯蚓孔，强石灰反应，pH 8.15，清晰平滑边界。

3Bwg 氧化还原雏形层：82 cm 以下，黄色（10YR 7/6，润），壤质砂土，孔隙为粒间很细孔，孔隙度高，中量模糊 – 明显的小铁锰斑纹，强石灰反应，pH 8.12，清晰平滑边界。

土壤性状与特征变幅 地势平坦，土层深厚，土体构型为壤 – 砂壤 – 粉砂壤 – 壤质砂，分层明显，耕作层为壤土，底层为砂土，通透性好。60 cm 以上有轻度石灰反应，60 cm 以下有强石灰反应。

该土系的特征层 底部为具有中量小铁锰斑纹的雏形层，强石灰反应。

对比土系 该土系与房山鲍庄系分别位于永定河东西两岸，受永定河水系泛滥影响，其母质为河流冲积物，质地偏砂。两者区别在于由于洪水流速及沉淀的时期不同所沉积的土层质地有细微差别。

生产性能综述 地形平坦，土层深厚，通透性较好，内排水条件较好；土壤质地上层 60 cm 黏粒含量较少，下层偏砂，不太利于保水保肥，作物生长受限。

工程性能和环境性能综述 容易受洪水冲毁，质地偏砂，渗透性好，种植作物施肥被淋失的可能性大，可能污染水源。土质松散，做地基基础不牢。

KBJ–09 景观

KBJ–09 剖面

白庙村系（Baimiaocun Series）

编号 :KBJ–17

土族名称：黏壤质混合型石灰性温性 – 斑纹简育干润淋溶土

拟定者：孔祥斌，张青璞　　　　拟定日期：2012.8.17

核定者：孔祥斌　　　　　　　　审定日期：2012.12.5

环境条件　处于暖温带半干旱半湿润大陆性季风气候条件下；冬春干旱多风，夏季炎热多雨，秋季天高气爽；降水集中在 7–8 月份，占全年的 70%；降雨年际间变化大，而且多大雨，甚至暴雨，容易造成短暂洪涝。其地形为平原。土地利用类型为耕地。

代表性单个土体　剖面 2010 年 9 月 23 日采自顺义区赵全营镇白庙村，39° 11′ 41.99″ N，116° 34′ 42.05″ E。母质为冲积物，海拔 46 m。大致对应第二次土壤普查的褐潮土。

Ap1 耕作层：0~10 cm，暗棕色（10YR 3/3，润），粉砂质壤土，中等屑粒结构，松散，中量中等中浅根系，中量中粗孔，孔隙度高，紧实状况松散，少量砖、煤侵入，中量蚯蚓，中度石灰反应，pH 7.30，明显平滑边界。

Ap2 耕作压实层：10~38 cm，暗棕色（10YR 3/3，润），粉砂质壤土，中块棱块结构，疏松，中量中等浅根，中量粗孔，孔隙度中，很少量清楚 – 明显的小铁斑纹，中量球形软小结核铁锰，紧实状况疏松，很少量砖、煤侵入，中量蚯蚓，中度石灰反应，pH 7.64，明显平滑边界。

Btg1 氧化还原黏化层：38~50 cm，暗棕色（10YR 3/3，润），粉砂质黏壤土，中块棱块结构，疏松，少量细浅根，中细孔，孔隙度中，少量清楚 – 明显的小铁斑纹，中量球形软小结核铁锰，紧实状况较紧实，中量蚯蚓，轻度石灰反应，pH 7.49，明显平滑边界。

Btg2 氧化还原黏化层：50~65 cm，深黄棕色（10YR 3/4，稍润），粉砂质黏壤土，中块棱块结构，结实，少量很细浅根，细孔，孔隙度中，中量清楚 – 明显的小铁斑纹，中量球形软小结核铁锰，紧实状况结实，轻度石灰反应，pH7.50，明显平滑边界。

Btg3 氧化还原黏化层：65~100 cm，深黄棕色（10YR 3/4，稍润），粉砂质黏壤土，小块棱块，很结实，很少量很细浅根，很细孔，孔隙度低，中量清楚 – 明显的小铁斑纹，中量球形软小结核铁锰，紧实状况结实，pH 7.54，明显平滑边界。

2Ck 母质层：>100 cm，浅黄棕色（10YR 6/4，干），粉砂壤土，中块棱块状，疏松，很少量很细浅根，很细孔，孔隙度低，中量清楚 – 明显的小铁斑纹，很少量不规则形软大瘤状物碳酸钙，紧实状况较紧实，pH 7.72，明显平滑边界。

土壤性状与特征变幅　平原，地势平坦，上层为粉砂质壤土，中间为粉砂质黏壤土，母质层为粉砂壤土；38 cm 处即出现厚约 60 cm 的黏化层，并伴有锈纹锈斑及铁锰结核。

该土系的特征层　厚 60 cm 并有氧化还原特征的黏化层。

对比土系　与顺义年丰村系和顺义牌楼村系的区别是，那两个土系没有黏化层，属于雏形土，土纲即不同。与赵各庄系、西南吕系土族都相同，但是赵各庄系黏化层厚度大于 1 m，氧化还原现象在 120 cm 处出现；西南吕系黏化层厚 80 cm，氧化还原现象在 70 cm 处即出现；本土系氧化还原现象在 38 cm 处即出现，底部有砂姜。

生产性能综述　地势平坦，土层深厚，但黏化层靠上，虽利于保水保肥，但不利于作物根系下扎生长。

工程性能和环境性能综述　宜于作公路的路基、堤坝和其他建筑物基础物质。

KBJ-17 景观

KBJ-17 剖面

岐庄系（Qizhuang Series）

编号 :KBJ-18

土族名称：黏壤质混合型温性－普通简育干润雏形土

拟定者：孔祥斌，张青璞　　　　拟定日期：2012.8.17

核定者：孔祥斌　　　　　　　　审定日期：2012.12.5

环境条件　处于暖温带半干旱半湿润大陆性季风气候条件下；冬春干旱多风，夏季炎热多雨，秋季天高气爽；降水集中在 7–8 月份，占全年的 70%；降雨年际间变化大，而且多大雨，甚至暴雨，容易造成地表径流。其地形为丘陵，有效土层厚度浅。内排水从不饱和。土地利用类型为耕地，植被类型为玉米。

代表性单个土体　剖面 2010 年 9 月 24 日北京市怀柔区桥梓镇岐庄，40° 10′ 01.23″ N，116° 09′ 32.20″ E。母质为洪积冲积物，海拔 102 m。大致对应第二次土壤普查的普通褐土。

Ap 耕作层：0~15 cm，暗棕色（7.5YR 3/4，润），粉砂壤土，中等屑粒结构，松散，中量细中等中浅根系，中量中孔，孔隙度中，紧实状况松散，少量中等花岗岩，中量蚯蚓，pH 5.51，明显平滑边界。

Bw1 雏形层：15~35 cm，棕色（7.5YR 4/4，润），粉砂壤土，中等屑粒结构，松散，中量细中等浅根，中量中孔，孔隙度中，中量中等花岗岩，中量蚯蚓，pH 6.60，明显平滑边界。

Bw2 雏形层：35~50 cm，棕色（7.5YR 4/3，润），粉砂壤土，中等屑粒结构，松散，少量细浅根，中量中孔，孔隙度中，中量中等花岗岩，少量蚯蚓，pH 6.85，明显平滑边界。

Bg3 氧化还原层：>95 cm，淡棕色（10YR 6/3，干），土壤质地为砂土，无结构，发育程度很弱；土层稍松，结持性为干时松散、湿时松散，无黏着和无塑性；结构体内外有 2%~5% 的铁锈斑纹，对比度模糊，边界清楚；弱石灰反应，pH 7.80，清晰平滑边界。

土壤性状与特征变幅　土层深厚，土体构型为砂壤－壤砂－砂土；通体无结构，均有石灰反应，30 cm 以下即为具有锈纹锈斑的氧化还原层，厚度大于 100 cm。

该土系的特征层　厚度大于 100 cm 的氧化还原层，无结构。

对比土系　与通州李二四村系对比，该土系土层分异不明显，土壤发育程度很弱，土体松散无结构，为新成土，李二四村系为雏形土。与北小营镇系亚类都相同，但土族不同，北小营镇系土体无石灰性，本土系通体具有石灰性。

生产性能综述　土层厚，但黏粒含量少，质地偏砂，宜喜砂作物生长。

KBJ-27 景观

KBJ-27 剖面

德茂农业实验园系（Demaonongyeshiyanyuan Series）

编号 :KBJ-28

土族名称：黏壤质混合型温性－普通砂姜潮湿雏形土

拟定者：孔祥斌，张青璞　　　　拟定日期：2012.8.17

核定者：孔祥斌　　　　审定日期：2012.12.5

环境条件　通州区属大陆性季风气候区，受冬、夏季风影响，形成春季干旱多风、夏季炎热多雨、秋季天高气爽、冬季寒冷干燥的气候特征。年平均温度 11.3℃，降水 620 mm 左右。其地形为平原。土地利用类型为耕地，植被类型为小麦、玉米。

代表性单个土体　剖面 2011 年 6 月 20 日采自北京市大兴区德茂农业实验园，39° 46′ 19.14″ N, 116° 25′ 49.90″ E。母质为冲积物，海拔 2 m。大致对应第二次土壤普查的砂姜潮土。

Ap 耕作层：0~30 cm，暗棕色（10YR 4/3，稍润），土壤质地为壤土，10~20 mm 团块结构，为发育程度较弱；土壤紧实度稍松，结持性为干时硬、湿时疏松，稍黏着性和稍塑性；中量 0.2~2 mm 的浅根系；土体内可见少量蚯蚓和蚯蚓粪；极强石灰反应，pH 7.63，清晰平滑边界。

Bgk1 钙积氧化还原层：30~60 cm，黄棕色（10YR 5/4，稍润），土壤质地为壤土，土壤 10–20mm 中等次棱块结构，发育程度弱；土层稍松，结持性为干时硬、湿时疏松，稍黏着和稍塑性；少量 0.5~2 mm 的浅根系，中量 0.5~2 mm 气孔；少量蚯蚓及蚯蚓粪；结构体内外有 2%~5% 的铁锈斑纹，对比度模糊，边界清楚；少量 2~3 mm 大小的铁 – 锰结核，形状球形，硬度较硬；少量 6~20 mm 砂姜，丰度小于 2%，硬度很硬；土体内可见少量蚯蚓和蚯蚓粪；中度石灰反应，pH 7.63，清晰平滑边界。

Bgk2 钙积氧化还原层：60~100 cm，黄棕色（10YR 5/4，稍润），土壤质地为壤土，土壤 10~20 mm 中等次棱块结构，发育程度弱；土层稍紧，结持性为干时硬、湿时疏松，稍黏着和稍塑性；少量 2~5 mm 的深根系，中量 0.5~2 mm 气孔；结构体内外有 2%~5% 的铁锈斑纹，对比度模糊，边界清楚；少量 2~3 mm 大小的铁 – 锰结核，形状球形，硬度较硬；6~20 mm 砂姜，丰度 5%~15%，硬度很硬；土体内可见少量蚯蚓粪；中度石灰反应，pH 7.60，清晰平滑边界。

Bgk3 钙积氧化还原层：>100 cm，灰色（10YR 5/3，润），土壤质地为壤土，土壤 10~20 mm 棱团块结构，发育程度弱；土层稍紧，结持性为干时硬、湿时疏松，黏着和稍塑性；少量 2~5 mm 的深根系，中量 0.5~2 mm 气孔；结构体内外有 2%~5% 的铁锈斑纹，对比度模糊，边界清楚；少量 2~3 mm 大小的铁 – 锰结核，形状球形，硬度较硬；6~20 mm 砂姜，丰度 40%~85%，硬度很硬；强度石灰反应，pH 7.67，清晰平滑边界。

土壤性状与特征变幅　土层深厚，通体壤土，中度 – 强度石灰反应，30 cm 以下出现

KBJ–28 景观

KBJ–28 剖面

锈斑和砂姜，厚度大于 80 cm，100 cm 以下砂姜体积增多。

该土系的特征层　厚度大于 80 cm 具有砂姜的氧化还原层。

对比土系　与永乐店镇系对比，两土系均位于冲积平原，土层深厚，通体石灰反应，受地下水影响氧化还原特征明显。两者区别在于，本土系氧化还原特征出现层次较浅，30 cm 即出现砂姜，永乐店镇系氧化还原特征在 1 m 以下出现，因此亚纲不同，永乐店镇系为石灰底锈干润雏形土。与常乐村系、上庄实验站东区系土族都相同，但常乐村系为通体粉砂壤土，60 cm 处即见地下水，氧化还原现象在 30 cm 即出现；上庄实验站东区系氧化还原现象在 110 cm 以下出现。

生产性能综述　土层厚，质地适中，适宜作物生长，但有机质含量较低，应注意培肥地力。

北小营镇系（Beixiaoyingzhen Series）

编号 :KBJ-38

土族名称：砂质混合型温性－斑纹干润砂质新成土

拟定者：孔祥斌，张青璞　　　　拟定日期：2012.8.17

核定者：孔祥斌　　　　　　　　审定日期：2012.12.5

环境条件　处于暖温带半干旱半湿润大陆性季风气候条件下；冬春干旱多风，夏季炎热多雨，秋季天高气爽；降水集中在 7–8 月份，占全年的 70%；降雨年际间变化大，而且多大雨，甚至暴雨，容易造成短暂洪涝。其地形为平原。土地利用类型为荒草地，植被类型为草本。

代表性单个土体　剖面 2011 年 11 月 02 日采自北京市顺义区北小营镇，40° 13′ 44.99″ N，116° 42′ 22.54″ E。母质为冲积物，海拔 29 m。大致对应第二次土壤普查的典型潮土。

Ah 腐殖质层：0~22 cm，浅黄棕色（10YR 6/4，稍润），土壤质地为壤质砂土，无明显结构，结持性松散，无黏着性和无塑性，中量小于 0.2 mm 浅根系，孔隙度 15%~40%，有中等数量小于 0.2 mm 气孔；土体内有 2~6 mm 铁锈纹，丰度为 15%~40%，对比度明显、边界清楚；弱石灰反应，pH 7.42；清晰平滑边界。

Cg1 氧化还原母质层：22~50 cm，黄色（10YR 7/6，稍润）土壤质地为壤质砂土，无明显结构，结持性松散，无黏着性和无塑性，少量小于 0.2 mm 浅根系，孔隙度 5%~15%，有少量小于 0.2 mm 气孔；土体内有 2~6 mm 铁锈纹，丰度为 5%~15%，对比度明显、边界清楚；无石灰反应，pH 7.38；清晰平滑边界。

Cg2 氧化还原母质层：50~90 cm，浅棕色（7.5YR 6/4，稍润）土壤质地为壤质砂土，无明显结构，结持性松散，无黏着性和无塑性，少量小于 0.2 mm 浅根系，孔隙度 5%~15%，有少量小于 0.2 mm 气孔；土体内有 2~6 mm 铁锈纹，丰度为 2%~5%，对比度明显、边界清楚；无石灰反应，pH 7.40；清晰平滑边界。

2C1 母质层：90~108 cm，灰色（7.5YR 5/0，干）；浅棕色（7.5YR 6/4，稍润），土

壤质地为壤质砂土，无明显结构，结持性松散，无黏着性和无塑性，无根系，孔隙度 5%~15%，有少量小于 0.2 mm 气孔；土体内有约 30 mm 的椭圆状岩石，未风化，硬度很高，丰度小于 5%；无石灰反应，pH 7.43；清晰平滑边界。

2C2 母质层：108~130 cm，浅棕色（7.5YR 6/4，稍润），壤质砂土，无明显结构，结持性松散，无黏着性和无塑性，无根系，孔隙度 5%~15%；土体内有约 30 mm 的椭圆状岩石，未风化，硬度很高，丰度小于 5%；无石灰反应，pH 7.46；清晰平滑边界。

2C3 母质层：130~150 cm，浅棕色（7.5YR 6/4，干）；灰色（7.5YR 5/0，润），砂土，无明显结构，结持性松散，无黏着性和无塑性，无根系，孔隙度 5%~15%；土体内有约 30 mm 的椭圆状岩石，未风化，硬度很高，丰度小于 5%；无石灰反应，pH 7.43；清晰平滑边界。

土壤性状与特征变幅 母质为河流冲积物，砂土与沙子相间分布，130 cm 以上为壤质砂土，下面为砂土；上部 90 cm 均有氧化还原现象，与下面土层非同源母质；除表层 22 cm 土体有弱石灰反应外，下面土层均无石灰反应。

该土系的特征层 砂土与沙子相间分布，有锈纹锈斑，土体松散。

对比土系 与大兴太子务村系进行对比，两者母质为冲积物，土壤中砂粒含量较多，都为新成土纲。区别在于，该土系土壤发育程度更弱，砂粒含量相对更多，无石灰反应；太子务村系具有石灰性，土族不同。

生产性能综述 土层深厚，但质地过砂，漏水漏肥，不适宜作物生长。

KBJ–38 景观

KBJ–38 剖面

马拉雅山、青藏高原的大幅度隆升和第四纪冰期、间冰期更替，直接和间接地影响植物的演化和迁移，西南和南方植物得以乘机而入。一些亚热带成分主要分布于华北南部，如伏牛山、中条山、太行山南段及山东南部。

（3）来源于中亚—地中海区和欧亚草原，这是由于自新生代以来古地中海逐渐消失和亚洲内陆自西向东气候干旱化所引起的，加以人类活动破坏生态环境，致使旱化加强和扩大，西部地中海区—中亚成分和欧亚草原成分侵入华北，并逐渐扩大它们的分布区，如甘草、白刺、盐爪爪、针茅和蒿属等一些种。

（4）来自东北亚、西伯利亚温—寒地区，白垩纪和早第三纪时东北是温暖气候，植物区系与华北相似，然至第四纪冰川时期，亚洲植物依次南移，甚至欧洲植物经过西伯利亚、东北和朝鲜迁入华北，如臭冷杉是东北亚的代表成分，分布到华北五台山、小五台山、雾灵山等地，红松主产东北、朝鲜、日本和西伯利亚，在华北东北部也有分布。刘慎谔还认为西伯利亚的落叶松（*Larix gmelinii* Pilg.）经过大兴安岭进入华北，演变为今日的华北落叶松。其他如香杨、辽杨、白皮柳和鹿蹄草属的一些种主要是东北亚—西伯利亚针叶林下的代表植物，在华北山地寒温性针叶林和桦木林下也时有出现，它们可能是于冰川时期来自东北亚—西伯利亚。

1. 山西植物区系

山西是一个黄土覆盖的山地高原，地形复杂，地貌多样，山地占40%，丘陵占40.3%，平川、盆地占19.7%，最高五台山，海拔3 058 m，最低垣曲黄河谷地，海拔185 m，其最大高差2 800 m，大部分地区海拔在1 000 m以上。

山西地处我国大陆东部中纬度地区，南北狭长，气候类型属温带大陆性季风气候。因偏居内陆，气候大陆性强。按全国气候分类，以恒山为界，北属中温带气候亚带，以南属暖温带气候亚带。按干湿度分类，大部分地区属半干旱气候，仅中高山区和晋东南地区属半湿润气候。

植被的空间分异规律如下：

●水平分布规律：纬度地带性明显，水热条件差异大。以恒山为界，由东南向西北形成了暖温带夏绿阔绿林和温带草原两个植被带。

●温带草原地带：恒山以北属中温带季风气候区域，地带性的土壤为栗钙土，其相应的地带性植被为温带干草原，常见的植物群落类型为本氏针茅、百里香、隐子草、兴安胡枝子及冷蒿等组成的草原复合体，以旱生和旱中生草原植物区系成分的种类占优势。农作物以春小麦、马铃薯、莜麦、胡麻等温寒作物为主，为一年一熟制。

●暖温带夏绿阔叶林地带：恒山以南的广大地域属暖温带季风气候区域，地带性的土壤为褐土。该地带由于南北水、热条件差异，又呈现出地域性及纬度地带性。以温度为主导因素引起植被南北分布的差异，又分南北两个暖温带夏绿阔叶林亚地带。

●南暖温带夏绿阔叶林亚带：包括中条山、太行山南部、运城、临汾盆地，地带性的土壤为碳酸盐褐土。相应的植被是夏绿林和次生的落叶灌丛为主。农业植被温热作物以中早熟棉、冬小麦、花生，可复播玉米，为一年两熟制。

●北暖温带夏绿阔叶林亚带：包括恒山以南，南暖温带以北的省境中部广大地区，地带性的土壤为淡褐土。由于人为活动的影响，地带性针叶林及中生落叶灌丛为主，次为夏绿林。农业植被暖温作物以玉米、谷子、高粱杂粮为主，两年三熟制。

●垂直分布规律：隆起的山地高原造成水热条件差异明显，东坡与北坡较湿冷，南坡与西坡为干燥、温暖，土壤类型繁多，坡向不同，植被类型也不同。

●北部寒冷，植被的垂直更替：草原带（或灌丛带）－针阔叶混交林带－高中山针叶林带－亚高山灌丛或亚高山草甸带。

●南部温暖，植被的垂直更替：灌丛（或草原）带－低中山针叶林带（或针阔叶混交林带）－落叶阔叶林带－亚高山草甸带。

2. 坝上植物区系

河北坝上地貌特征复杂，植被类型多种多样，既是森林—草原交错带，植被类型大致划分为 7 个。

●落叶针叶林：围场坝上的落叶针叶林主要为华北落叶松，分布于海拔 1 500~1 900 m 地段。其它还有兴安落叶松、长白落叶松、日本落叶松和樟子松。

●常绿针叶林：主要树种为白（分布于北曼甸高台阶海拔 1 700~1 800 m 区域）和油松（分布于接坝山区的大唤起、黄花沟、样板沟、得胜沟及第三乡等地，海拔 1 400~1 700 m），其间有少量阔叶树种及草本植物伴生。

●针阔叶混交林：①油松、蒙古栎混交林。分布于大唤起、第三乡、阴河海拔 1 300~1 600 m 地带，杂有白桦、华北五角槭等树种。②落叶松、桦木、柞木混交林。分布于第三乡、阴河海拔 1 600 m 左右地带，伴生树种有紫椴、华北五角槭等。

●落叶阔叶林：主要树种为山杨、白桦、黑桦、华北五角槭、蒙椴、中国黄花柳等。分布于海拔 1 400~1 700 m 的大唤起、第三乡、阴河、千层板等地。

●灌丛及灌草丛：主要种类有兴安圆柏、百里香、蒙古早熟禾、金露梅、柳叶锈线菊、金莲花、银莲花、唐松草、华北乌头、地榆、黄柳、楔叶茶蔗子、灰榆、山荆子、稠李、山刺梅、忍冬、荚 、榛、胡枝子等，分布于海拔 450~1 700 m 之间。

●草原与草丛：本区域内的草原、草甸区系半湿润半干旱类型区，年降雨量为 440 mm 左右，其区系成分以兴安—蒙古成分为主，同时也兼有一些华北及亚热带成分的渗入。因此，其群落类型多，总盖度大，堪称植物多样性富集区的代表类型。

●沼泽及水生群落：主要种类有水葱、穗苔草、水麦冬、芦苇、水毛茛、香蒲、水蓼、浮萍等，此群落见于坝上区域。围场坝上海拔相对高度仅 600 m 左右，植被垂直分布不甚明显，各植被类型交叉较大，丰富的植物资源等待着人们去合理地开发和利用。

3. 北京植物区系

北京处于华北大平原的西北端，标准温带大陆性季风气候。东部和南部属于华北大平原，北部和西部是山区。山区约占全市面积的 3/5。北部山地称为军都山，属于燕山山脉；

西部山区称西山，属于太行山脉；两条山脉在南口汇合。山地大部海拔在 1 000 m 以下，山区和平原交界处，有海拔 200 m 以下的丘陵地带，自西北向东南形成平缓降落的坡度。平原由许多大大小小的扇形地和冲洪流程平原连接而成，形成这些平原的河流有永定河、潮白河、温榆河、拒马河和汤河等。

植被的空间分异随着海拔高度的增加，气候、土壤有明显的垂直分异，植被垂直分布为五个带。

●低山丘陵灌草丛带：从山麓到 350~400 m，阳坡以荆条、白羊草灌草丛占优势，阴坡以杂灌、白羊草、台草占优势。土层较厚处多数已辟为果园或果粮间作地。

●低山落叶阔叶灌丛带：阳坡到海拔 800~1 000 m，阴坡到海拔 600~800 m。下部以荆条灌丛、杂灌丛，上部以次生落叶阔叶乔灌丛占优势。以蒙古栎（辽东栎）、油松等占优势的原生植被大部已遭破坏，仅在局部地区有零星残留。

●中山下部松栎林带：其下限为落叶阔叶灌丛带，阴坡上限到海拔 1 600 m，阳坡 1 800 m，以栎林、油松林为主。破坏后有次生山杨林、桦树林与二色胡枝子灌丛、榛灌丛和绣线菊灌丛等。此带是森林分布的主要部分，多数分布在阴坡。

●中山上部桦树林带：此带下接松栎林带，上与山顶草甸相连，分布在海拔 1 600（阴坡）~1 800 m（阳坡）至海拔 1 900~2 000 m。以桦属的几个树种组成的次生林占优势。此外，还可见到山柳灌丛、丁香灌丛。其原生植被应是山地寒温性针叶林。以华北落叶松、云杉为优势种，目前仅局部地区有个别植株存在。

●山顶草甸带：见于东灵山、海坨山、百花山和百草畔海拔 1 900 m 以上的山顶，它的存在可能是由于山地针叶林受破坏，山顶寒冷风大，森林不易恢复而形成的。只有草甸一个类型。

4. 天津植物区系

天津绝大部分是平原，少部分是山地和丘陵。地貌类型从长城脚下，到渤海之滨，大致可分为山地、丘陵、平原、滨海滩地、洼地等。河流纵横，坑、塘、洼、淀星罗棋布，素有北方江南，水乡泽国的雅号。植被的空间分异规律如下：

●针叶林：分布在蓟县北部山区，构成两个针叶林群落。①油松 – 多花胡枝子群落。主要分布海拔 360~820 m 处阴坡或半阴坡，林下灌木多花胡枝子为优势种。②侧柏 – 多花胡枝子群落。分布海拔 420 m 左右的半阴坡，林下灌木层主要是蚂蚱腿子、胡枝子、小叶鼠李、荆条、榛子、小花溲疏等。

●针阔叶混交林：分布在蓟县北部盘山中部山区。主要是油松、栎属等相混交。①油松 + 栓皮栎 – 吉氏木兰群落。分布海拔 150~600 m 处，林下灌木仅有吉氏木兰、溲疏。②油松 + 二色胡枝子群落。分布海拔 260~650 m 的半阴坡。以油松和栎为优势种，混生有栓皮栎和臭椿，林下灌木有二色胡枝子、大花溲疏、吉氏木兰、小叶鼠李、三裂绣线菊、荆条等。

●落叶阔叶林：主要分布在蓟县北部山区，常以栎为主，兼有栓皮栎、吴茱萸等，组成天津地区的地带性植被类型。①栎 – 照山白群落。分布海拔 500~800 m，栎为乔木优势种，混生榆树、大叶白蜡。灌木层优势种为照山白，其次有兰荆子、多花胡枝子、吉氏木兰等。②吴茱萸＋坚树＋大叶白蜡－照山白群落。分布海拔 800~1 052 m 处。群落结构复杂，常以吴茱萸、坚桦、大叶白蜡、照山白构成典型的次生杂木林。③山杏－小叶鼠李群落。多分布海拔 420~500 m 的山顶，以山杏为优势种形成矮乔木群落，灌木种类伴生照山白、吉氏木兰、绣线菊、荆条、酸枣等。④栓皮栎－荆条群落，分布海拔 150~270 m，以栓皮栎为主形成落叶阔叶林，林下是以荆条为主的灌木层。

●灌草丛：该植物类型分布在蓟县北部山区，海拔 200~800 m 的低山丘陵地区。灌木以荆条、酸枣为优势种，伴生有多花胡枝子、吉氏木兰、绣线菊。草本植物以白羊草为优势种。

●草甸：分布在宝坻一带，由洼地沼泽植被演替而来，有耐旱植物白茅、狗尾草、虎尾草。如再积水，可复生芦苇沼泽植被。

●盐生植被：分布常受海潮浸渍的渤海湾沿岸，生长着特殊的盐生植被，外貌呈现艳丽的紫红色。①盐地碱蓬群落。分布近海区域，直接受海水和海潮的浸泡。代表植物有盐地碱蓬、盐角草。②盐地碱蓬＋獐毛群落。分布在盐地碱蓬群落的外缘，远离海岸，很少受海潮影响，以盐地喊蓬和樟毛为优势种，偶有芦苇侵入。③盐地碱蓬－芦苇群落。分布在地势较高及河口两岸湿润土壤上，构成以盐地碱蓬为背景，其中生长着成丛、成片的芦苇。④碱菀－盐地碱蓬群落。分布在滨海一带常年积水的小洼淀四周，以碱菀、盐地碱蓬为优势，伴生有扁竿鹿草、盐角草、中亚滨藜、蒿等。

●沼泽植被：分布在平原常年积水的洼淀，以芦苇为优势。常见香蒲伴生。

●水生植被：分布在淡水水库洼淀中，常见的有狐尾群落、狐尾藻十金鱼藻十黑藻群落、水葱群落、扁竿鹿草群落等。

●沙生植被：分布在永定河故道及风吹沙地，主要有刺穗黎、猪毛菜等。

●人工林：多分布在蓟县山区海拔较低的丘陵阳坡梯田上及沟谷里，为木本粮油、果园、薪炭及绿化林。主要有板栗、核桃、山楂、柿、苹果、梨、桃、杏、葡萄及刺槐、油松等。

●农田种植作物：分布在山间谷地及广大平原，近郊以种植蔬菜为主，远郊以种植小麦、玉米、高粱、谷子、水稻、甘薯、棉花、花生、豆类为主。

5. 秦皇岛植物区系

●秦皇岛在暖温带半湿润太陆气候条件下，地带性植被类型为暖温带落叶阔叶林，并有温性针叶林分布。北部山地棕壤－落叶阔叶混交林植被区；中部丘陵台地褐土－农田残存落叶林植被区；南部冲积平原褐土、潮土－农田残存草本灌木植被区；滨海盐土－盐生植被区

●落叶阔叶林树种以落叶栎类为主。在山谷比较湿润的地带有椴属、桦属、白蜡属、核桃楸、槭属、杨属、柳属等组成的落叶阔叶杂术林。

●灌木层和林下草本种类丰富。山葡萄、五味子以及猕猴桃属植物为层间层。

●落叶灌丛常为森林砍伐后出现的次生植被类型，多见于低海拔地区。主要有平榛灌丛、蚂蚱腿子灌丛、荆条灌丛。

●在丘陵地区有大面积的灌草丛。灌草丛是由于森林、灌丛被反复强烈破坏，导致水土流失，生境趋于干旱化所形成的次生类型。主要由蚂蚱腿子、荆条、酸枣、黄背草等组成，其他有野古草等。

二、 华北地区植被生态与野外常见植物

●通过观察、描述和鉴定，利用所学的植物分类学的理论和方法，认识植物界的多样性以及常见的植物（尤其是种子植物）种类，掌握重要科、属、种的鉴别特征。学会使用植物志等和检索表鉴定植物，并编写出实习地常见植物检索表和植物名录。

●观察、分析植物的生长发育、分布和形态变异与环境的关系以及植物与植物、植物与其他生物的相互作用，了解常见植物群落的结构，认识常见的植物群落类型，学会植物生态学野外调查的一般方法。加强学生对植物与环境之间的关系的认识，培养学生热爱自然、保护环境的意识。

●使学生受到从事植物生物学尤其是分类学研究和野外工作的初步训练，培养独立工作的能力、团队精神和协作意识。

（一）实习区域植被类型变化规律

总体上实习路线由西到东，沿水分梯度由温带草原带、温带落叶林到暖温带落叶阔叶林地带，跨越温带半干旱区与暖温带半湿润区交界的北方农牧交错带。变化规律如下表：

植被型	实习区	植被群系组	植被功能型	优势种
温带草原	大同、阳原、内蒙古、坝上等	丛生禾草草甸草原	温带草甸草	贝加尔针茅、芨芨草等
		根茎禾草草甸草原		羊草、獐茅、赖草等
		杂草草甸草原		碱蓬、线叶菊、马蔺等
		丛生禾草草原	温带草原草	大针茅、克氏针茅，羊茅、糙隐子草、冰草、狗尾草、虎尾草等
		根茎禾草草原		马兰等
		杂草草原		
		半灌木草原	温带灌草	百里香、狼毒、冷蒿等
		人工种植灌木草原		柠条、枸杞等

续表

<table>
<tr><th>植被型</th><th>实习区</th><th>植被群系组</th><th>植被功能型</th><th>优势种</th></tr>
<tr><td rowspan="4">温带－暖温带落叶林</td><td rowspan="4">浑源、北京、石门寨等</td><td>栎林</td><td rowspan="4">温带落叶阔叶树种</td><td>蒙古栎、槲栎、槲树等</td></tr>
<tr><td>落叶阔叶杂木林</td><td>色木、紫椴、糠椴等</td></tr>
<tr><td>杨、桦林</td><td>山杨、白桦、黑桦、岳桦、坚桦、红桦等</td></tr>
<tr><td>河岸林</td><td>榆树、柳</td></tr>
<tr><td>灌丛</td><td>浑源、石门寨等</td><td>落叶阔叶灌丛</td><td>温带落叶灌木</td><td>金露梅、胡枝子、荆条、锦鸡儿、槐、悬沟子、绣线菊、柽柳等</td></tr>
<tr><td>温带草本沼泽</td><td>坝上、天津</td><td>禾草、莎草类</td><td></td><td>禾本科、莎草科、蒿属植物等</td></tr>
<tr><td>一年一熟、耐寒粮作经济作物</td><td>山西、河北、北京、天津</td><td></td><td>经济作物（包括耐盐碱植物）</td><td>春小麦、水稻、大豆、玉米、高粱、甜菜、谷子、糜子、马铃薯、胡麻、花生、棉花、苹果、梨、李子、杏、葡萄等</td></tr>
<tr><td rowspan="3">水生植物</td><td rowspan="3">大同、坝上、天津等</td><td>沉水水生植被</td><td rowspan="3">水生植物</td><td>金鱼藻等</td></tr>
<tr><td>浮水水生植被</td><td>浮萍、睡莲等</td></tr>
<tr><td>挺水水生植被</td><td>芦苇、香蒲、泽泻、千屈菜等</td></tr>
</table>

（二）野外植物生态需要掌握的基本知识

●趋同适应：不同种类的生物当生活在相同或相似的环境条件下，通过变异选择形成相同或相似的形态或生理特征以及相同或相似的适应方式或途径，这种现象叫趋同适应。

●趋异适应：同种类的生物当生活在相同或相似的环境条件下，通过变异选择形成不同的形态或生理特征以及不同的适应方式或途径，这种现象叫趋异适应。

●生活型：不同种类的植物之间或动物之间由于趋同适应而在形态、生理及适应方式等方面表现出相似的类型。

●生态型：同种生物由于趋异适应而在形态、生理及适应方式等方面表现出不同的类型。

●生活史对策：各种生物在进化过程中形成各种特有的生活史，这种生活史是生物在生存过程中获得生存的对策。

●生活型谱：群落内每类生活型的种数占总种数的百分比排列成一个系列。

●生态等值种：在不同地理位置但环境相同或相似的地区由于趋同进化而具有相同生活型的植物称为生态等值种。

●层间植物：群落除了自养、独立支撑的植物所形成的层次以外，还有一些如藤本植物、寄生、腐生植物，它们并不独立形成层次，而是分别依附各层次中直立的植物体上。

●表型可塑性：由于环境对基因型的影响，表型发生变化的能力叫表型可塑性。

●生态入侵：指由于人类有意识或无意识把某种生物带入适宜栖息和繁衍地区，种群不断扩大，分布区逐步稳步的扩展，这个现象叫生态入侵。

●植物对水分的适应类型：①水生植物有沉水植物、浮水植物、挺水植物 3 类。②陆生植物有湿生植物、中生植物、旱生植物 3 类。

●水生植物对水因子的适应：水生植物在水体环境中形成了与陆生植物具有很大不同的特征：一是具有发达的通气组织，以保证各器官组织对氧的需要；二是机械组织不发达甚至退化，以增强植物的弹性和抗扭曲能力，适应于水体流动。

●以土壤为主导因子的植物生态类型：①植物对 pH 值的反应。酸性土植物；中性土植物；碱性土植物。②植物对钙质的反应。钙土植物；嗜钙植物；嫌钙植物。③对土壤盐分的适应能力。盐土植物（排盐、泌盐、聚盐）；甜土植物；碱土植物。④对土壤肥力的要求。富养植物；中养植物；贫养植物。⑤对风沙机制的适应能力。沙生植物；⑥对裸岩机制的适应能力。岩生植物。

●镶嵌性和复合体：①镶嵌性：内部斑点为同一群落的部分；任一斑点都具有整个群落的一切层；斑块较小；斑块间生物相互间影响大。②复合体：内部斑点属于不同群落；各斑点具各自所属群落的层次；斑块较大；斑块间生物相互间影响小。

●群落成层：①植物的地上成层现象，主要原因光照；②植物的地下成层现象，主要原因矿物质、养分、水；③动物的成层现象，主要原因食物；④水生群落的成层现象，主要原因光、食物、温度。

●层片：①属于同一层片的植物生活型相同，并具有相当地个体数目，而且相互间有一定的联系；②在群落中具有一定的小环境；③在群落中占有一定的空间和时间。

●层片的特征：①属于同一层片的植物是同一个生活型类别，但同一生活型的植物种只有其个体数量相当多，而且相互之间存在着一定的联系时才能组成层片；②每一个层片在群落中都具有一定的小环境，不同层片小环境相互作用的结果构成了群落环境；③每一个层片在群落中都占据着一定的空间和时间，而且层片的时空变化形成了植物群落不同的结构特征；④在群落中，每一个层片都具有自己的相对独立性，而且可以按其作用和功能的不同划分为优势层片、伴生层片、偶见层片等。

●指示生物（biological indicator）：一些生物对环境中的某些物质（包括进入环境中的污染物）能产生各种反应或信息而被用来监测和评价环境质量的现状和变化，这些生物称为指示生物。它可分为土壤、矿物、土地退化、水体、大气等污染指示生物。

●指示生物的选择条件：有足够的敏感性；有广泛的地理分布和足够的数量；是生态系统的重要组成；实验室易于繁殖和培养；具有丰富的生物学背景资料；对毒物或因子的反应能够被测定；具有重要的经济价值和旅游价值。

●火山裸岩旱生演替过程：①地衣群落阶段；②苔藓群落阶段；③草本群落阶段；

④灌木群落阶段；⑤森林群落阶段。

●水生演替过程：①浮游生物群落阶段；②沉水生物群落阶段；③浮叶根生生物群落阶段；④挺水生物群落阶段；⑤湿生草本生物群落阶段；⑥森林生物群落阶段。

●温带草原的分布、生境和群落特征：①分布：温带大陆内部，荒漠与森林之间。②生境：半干旱、半湿润气温，低温。③群落特征：种类组成贫乏；以耐低温、旱生禾本科，豆科为主；草本具典型旱生特征；季相明显而华丽；群落结构简单，仅草本层。

●耐盐碱植物特点：①植物矮小，干硬，叶子不发达，蒸腾面积缩小，气孔下陷，表皮具厚的外皮，常有灰白色的绒毛。②细胞间隙小，栅栏组织发达，有的具有肉质性叶，有特殊的贮水细胞，能使同化细胞不受高浓度盐分的伤害。③细胞浓度特别高，能吸收高浓度土壤溶液的水分。④细胞对盐类的通透性非常小，几乎不吸收或很少吸收土壤中的盐分，同时也提高了植物吸收土壤中的水的能力。

●生态对策（ecological strategy）：是指任何生物在某一特定的生态压力下，都可能采用有利于种生存和发展的对策。在生态对策上，生物种对生态环境总的适应对策，必然表现在各个方面。表现方面主要有：

①生殖对策。不同类型的生物采取不同的生殖对策。有些生物把较多的能量用于营养生长，而用于生殖的能量较少，因此这些生物的生殖能力就比较低。而另一些生物则把更多的能量用于生殖，以便产生大量的种子，这些植物所占有的生境往往是不太稳定的。

②生活史对策。分 R 对策和 K 对策。R 对策的种群通常是短命的，其生殖率很高，要以产生大量的后代，但后代存活率低，发育快；早熟，成年个体小及寿命短且单次生殖多而小的后代，一旦环境条件转好就会以其高增长率 R 迅速恢复种群，使物种得以生存。而 K 对策的种群通常是寿命长，种群数量稳定，竞争能力强；生物个体大，但生殖力弱，只能产生很少的种；亲代对子代提供良好的庇护；该对策适应于可预测的稳定环境，一旦受损很难恢复甚至可能灭绝。

●行道树：指的是沿道路两旁栽植的成行的树木。道路系统是现代社会建设中的基础设施，而行道树的选择应用，在完善道路服务体系、提高道路服务质量方面，有着积极、主动的环境生态作用。行道树的主要栽培场所为人行道绿带，分车线绿岛，市民广场游径，河滨林荫道及城乡公路两侧等。理想的行道树种选择标准，从养护管理要求出发，应该是适应性强、病虫害少，从景观效果要求出发，应该是干挺枝秀、景观持久。

●防护林：防护林（shelter forest）是为了保持水土、防风固沙、涵养水源、调节气候、减少污染所经营的天然林和人工林（林分指林木的内部结构特征）。是以防御自然灾害、维护基础设施、保护生产、改善环境和维持生态平衡等为主要目的的森林群落。在中国，根据其防护目的和效能，防护林分为水源涵养林、水土保持林、防风固沙林、农田牧场防护林、护路林、护岸林等。

●地形要素的生态作用：地形因子对生物只是起间接的作用，但它可以通过控制光、水、气候、土壤及生物因素发挥其影响。陆地表面复杂的地形，为生物提供了多种多样的生境。地形要素的生态作用表现在四个方面，即坡向、坡度、坡位和海拔高度。

①坡向主要影响光照强度和日照时数，并引起温度、水分和土壤条件的变化。南坡植物多为喜光的阳性植物，并表现出一定程度的旱生特征；北坡植物多为喜湿、耐阴的种类。

②坡度的陡缓，控制着水分的运动，控制着物质的淋溶、侵蚀的强弱以及土壤的厚度、颗粒大小、养分的多少，并影响着动植物的种类、数量、分布和形态。

③坡位不同，其阳光、水分和土壤状况也有很大差异。一般来讲，从山脊到坡角，整个生境朝着阴暗、湿润的方向发展。

④随着海拔高度的变化山地的光照强度、气候、土壤按一定规律发生变化，并对生物的类型和分布产生相应地影响。山体越高，相对高差越大，垂直地带谱越复杂、越完整，其中包括的动植物类型也越多。

●陆地生物群落的地带性分布规律：

陆地生物群落地带性分布规律有水平地带性和垂直地带性，水平地带性又包括纬度地带性和经度地带性：

①纬度地带性是由于热量带沿纬度变化而变化，导致群落类型也随纬度变化依次更替，如亚洲大陆东岸从赤道向北极依次是热带雨林－常绿阔叶林－落叶阔叶林－北方针叶林－苔原。

②经度地带性是由于降水自沿海向内陆依次减少导致群落类型沿经度方向依次更替，如亚洲温带大陆东岸，由沿海向内陆依次是森林－草原－荒漠。

③垂直地带性是由于山地随海拔升高，温度和降水依次变化从而导致群落类型自下而上依次更替，如马来西亚的基那巴卢山，从下向上依次是山地雨林－山地常绿阔叶林－山地落叶阔叶林－山地针叶林－高山灌丛。

●山地的垂直地带性：

①山地随海拔高度升高，群落类型依次更替；

②山地带谱的基带就是当地的水平地带性群落；

③湿润地区山地带谱类似于当地向高纬的纬度地带性群落系列；

④干旱地区山地带谱由基带干旱类型向上逐渐过渡为湿润类型，但超过一定高度后，又向寒冷类型变化。

●生物群落的外貌：生物群落的外貌特征包括生活型，叶性质和季相三项内容：

①生活型：植物的生活型是指植物长期受一定环境综合影响所表现的适应特征。

②叶性质：包括叶级，叶质，叶型等，群落不同，叶性质不一样。

③季相：是外貌的动态变化随季节更替而变，季节越明显地区，群落季相救明显。

●演替的主要因素：①生物的迁移和定居：迁移能力强，定居能力强者可成为群落中一员，反之不能占领环境。②群落内部环境的变化：先期的群落创造了群落内环境，为后继的群落进入铺平道路，但自己由于不适应而逐渐退出。③种内和种间关系的改变：群落随生物密度增大而竞争变得激烈，导致今年国政处于劣势者空间缩小，甚至退出群落，强者留下。④外界环境条件的变化：气候、地貌、土壤等环境因素的变化导致群落演替发生相应的变化。⑤人类活动：人类生产和生活过程（砍伐、垦荒、火烧等）。

●生物群落的发育过程：

①发育初期特点：a. 建群种明显；b. 种类组成不稳定；c. 每个物种个体数量不稳定；d. 群落结构尚未定型，层次不明显；e. 群落内部特有小环境正在形成中。

②发育盛期特点：a. 种类组成稳定；b. 群落结构已定型，层次分化良好；c. 群落内特有小环境有较典型的特点；d. 通常建群种生长和更新正常。

③发育末期特点：a. 群落不断改造，群落内小环境导致原物种生存不利，尤其建群种生长渐弱，更新能力下降；b. 新物种不断迁入、定居并与原来生物竞争并处于竞争优势；c. 种类组成开始混杂；d. 原来的群落结构和内部环境特点逐渐发生变化。

●矿山土地复垦（mined land reclamation）：指的是采矿权人按照矿产资源和土地管理等法律法规的要求，对在矿山建设和生产过程中，因挖损、塌陷等开矿行为造成土地破坏，采取整治措施，使其恢复到可供利用状态的活动。采矿权人在开工前向政府主管部门提交矿山土地恢复计划，经批准后实施，政府主管部门进行监督管理。矿山土地复垦主要包括恢复农田、改土造田及土地他用等项。复垦的内容包括塌陷区、采空区充填，尾矿库造田、排土场改土造林及建成新风景观赏区等。上述复垦工程可与开采矿产资源结合进行，也可以在开采后进行。矿山企业对所恢复的土地，有经营使用权，转给其他单位使用时，可适当收费。

●生态补偿（eco-compensation）：是以保护和可持续利用生态系统服务为目的，以经济手段为主调节相关者利益关系的制度安排。更详细地说，生态补偿机制是以保护生态环境，促进人与自然和谐发展为目的，根据生态系统服务价值、生态保护成本、发展机会成本，运用政府和市场手段，调节生态保护利益相关者之间利益关系的公共制度。

广义的生态补偿既包括对生态系统和自然资源保护所获得效益的奖励或破坏生态系统和自然资源所造成损失的赔偿，也包括对造成环境污染者的收费。狭义的生态补偿则主要是指前者。从目前我国的实际情况来看，由于在排污收费方面已经有了一套比较完善的法规，急需建立的是基于生态系统服务的生态补偿机制，所以在我们的研究中采用了狭义的概念。

生态补偿应包括以下几方面主要内容：①对生态系统本身保护（恢复）或破坏的成本进行补偿；②通过经济手段将经济效益的外部性内部化；③对个人或区域保护生态系统和环境的投入或放弃发展机会的损失的经济补偿；④对具有重大生态价值的区域或对象进行保护性投入。生态补偿机制的建立是以内化外部成本为原则，对保护行为的外部经济性的补偿依据是保护者为改善生态服务功能所付出的额外的保护与相关建设成本和为此而牺牲的发展机会成本；对破坏行为的外部不经济性的补偿依据是恢复生态服务功能的成本和因破坏行为造成的被补偿者发展机会成本的损失。

狭义的生态补偿的概念与国际上使用的生态服务付费（Payment for Ecosystem

Services，PES）或生态效益付费（Payment for Ecological Benefit，PEB）有相似之处，在本文中我们把它们作为同义语对待。

（三）常见主要植物科特征

●银杏科：单属单种古孑遗，落叶乔木茎直立。枝分长短叶扇形，长枝互生短簇生。叶脉平行端二歧，雌雄异株分公母。雄花具梗葇荑状，雌花长梗端二叉。

●松科：高大乔木稀草本，常有树脂枝轮生。线形叶扁互或簇，也有 2、3、5 成束。雌雄同株花单性，裸子代表花球形。雄蕊螺旋相互生，雌花珠鳞两胚珠。球果成熟常开裂，种子具翅胚乳多。

●杉科：乔木常有树脂生，皮富纤维长条脱。螺旋生叶似对生，雌雄同株花单性。雄花顶生或腋生，螺旋交叉花药多。雌花仅在枝顶长，苞鳞珠鳞紧密合。单年球果熟时裂，拥有孑遗好木材。

●柏科：乔木灌木叶常绿，鳞片针刺叶两型。雄球花小雄蕊多，苞鳞珠鳞有结合。球果种子数不定，子叶 2 枚或更多。常伴清香易成活，木材枝叶用处多。

●杨柳科：落叶木本树皮苦，单叶互生花单性。雌雄异株葇荑状，苞片膜质无花被。雄花雄蕊 2 至多，雌花 2 皮合 1 室。早春飞絮状如雪，种子基部生长毛。

●胡桃科：落叶木本叶互生，羽状复叶无托叶。雌雄同株花不同，雄花下垂葇荑状。雌花单一或数朵，组成花序种类多。坚果具翅或包被，皆由苞片发育来。

●桦木科：落叶木本叶互生，托叶早落花单性。雌雄同株花不同，雄花下垂葇荑状。雌花花序圆柱状，聚伞花序集聚成。坚果具翅或无翅，种子 1 枚无胚乳。

●壳斗科：木本落叶或常绿，叶脉羽状叶革质。花序直立呈穗状，雄花花序偶葇荑。雌雄同株无花瓣，苞片发达包雌花。坚果生在总苞内，因而得名称壳斗。

●榆科：落叶木本叶互生，叶不对称有锯齿。叶脉羽状或 3 出，托叶早落花小型。雌雄同株不同花，子房上位 2 心皮。翅果核果小坚果，通常有翅如铜钱。

●桑科：植物通常含乳汁，托叶早落花小型。单性同株或异株，花序密集总类多。葇荑头状圆锥状，隐头花序无花果。果实发育连花序，桑椹复果最常见。

●荨麻科：草本通常具螫毛，茎具纤维供纺织。单叶对生或互生，常常左右不对称。绿色小花为单性，雌雄同株或异株。叶脉通常为三出，果实瘦果或核果。

●蓼科：草本植物节膨大，单叶互生为全缘。叶柄基部常扩大，托叶膜质呈鞘状。整齐两性花簇生，聚集各式花序型。花被片 5 花瓣状，子房上位仅 1 室。三棱双凸小坚果，包于宿存花被中。

●藜科：草本稀为小灌木，单叶互生偶对生。花小两性无托叶，单性菠菜不同株。花被通常为绿色，果期出现附属物。子房上位 1 胚珠，果实通常为胞果。

●苋科：草本直立或伏卧，单叶互生或对生。花小两性稀单性，色彩多样供栽培。花序密集聚伞状，再集穗状或圆锥。苞片花被干膜质，雄蕊与被成对生。子房上位仅 1 室，胞果包于花被中。

●紫茉莉科：单叶对生或互生，辐射花冠呈两性。单生簇生或聚伞，宿存苞片花萼状。单层花被为合生，檐部裂片3~5。子房上位仅1室，1颗胚珠在其中。瘦果表面具棱槽，包于宿存花被中。

●商陆科：单叶互生并全缘，花序顶生或腋生。苞片不再最显著，花器发育不完全。萼片离生4~5，雄蕊与萼为互生。心皮1枚至多数，子房上位为浆果。

●马齿苋科：草本通常为肉质，单叶互生或对生。托叶膜质或缺如，两性花冠多整齐。萼片2枚或为5，花瓣45稀多数。雄蕊通常4~8，子房1室胚珠多。蒴果接近干膜质，盖裂瓣裂稀不裂。

●石竹科：草本通常节膨大，单叶对生基部合。托叶膜质或缺如，辐射花冠组分全。花萼45基成筒，花瓣同数常具爪。雄蕊同数或2倍，胎座特立居中央。

●睡莲科：水生草本出淤泥，茎叶出水或漂浮。多有肥厚地下茎，单叶互生具长柄。叶片盾形或心形，单生长梗花两性。辐射对称3基数，花被鲜艳香非常。雄蕊多数围子房，果实生于花托上。

●毛茛科：多数草本无托叶，单叶分裂或复叶。基生互生稀对生，花被原始偶有距。5数花被雄蕊多，分离雌蕊多心皮。子房上位胚珠多，聚合蓇葖或瘦果。

●小檗科：灌木草本叶互生，单叶羽叶至三回。整齐完全花两性，各式花序或单生。花被通常4~6，离生覆瓦23轮。部分花瓣有蜜腺，雄蕊同瓣而对生。心皮1室房上位，浆果蒴果蓇葖果。

●木兰科：木本植物叶互生，枝上托叶留环痕。花被一般不分化，柱状花托雌雄多。花被分离3基数，螺旋排列原始性，子房上位心皮离，果实常为聚合果。

●罂粟科：多数草本有乳汁，单叶互生无托叶。萼片2枚早脱落，花瓣4枚雄蕊多。部分种类两侧对，花瓣往往还有距。侧膜胎座两心皮，合生子房成蒴果。

●十字花科：蔬菜多由本科生，单叶基生或茎生。总状花序花两性，十字花冠4基数。雄蕊四强共六枚，2皮1室膜隔离。子房上位为角果，侧膜胎座长短果。

●景天科：景天茎叶为肉质，单叶无柄无托叶。花序顶生聚伞状，稀为总状或单花。辐射对称花两性，萼片45花瓣同。雄蕊同数或2倍，心皮离生基部合。蒴果或者蓇葖果，种子细小胚乳少。

●悬铃木科：落叶乔木有星毛，树皮苍白大片脱。冬芽包于叶柄下，直到早春随风落。长柄互生叶掌裂，雄雌花序不同枝。聚合坚果为球形，枝头摇曳如悬铃。一美二英三法国，数球种类即分明。

●蔷薇科：多具托叶叶互生，蔷薇花冠有萼筒。花萼5枚基联合，花瓣5数或重瓣。花萼凹凸心皮数，四个亚科借此分。心皮1枚为桃李，心皮离生绣线梅。心皮合生苹果梨，花托凹陷为蔷薇。

●豆科：植物多为羽状叶，三处羽状或多回。花瓣5数为蝶形，不为蝶形别亚科。雄蕊10枚9+1，子房上位单雌蕊。边缘胎座成荚果，凭借花冠分三科。辐射对称含羞草，真假蝶形辨云实。

●蒺藜科：草本常为羽状叶，刺状托叶常宿存。辐射对称花两性，萼片 5 枚稍合生。花瓣同数无腺体，雄蕊与之成整倍。子房上位 45 室，每室胚珠 2 至多。蒴果开裂常有刺，因而得名作蒺藜。

●芸香科：木本植物常有刺，单身复叶或复叶。叶片常有透明点，内有油质味独特。花冠辐射相对称，花瓣离生雄蕊多。子房上位有花盘，柑果蓇葖或蒴果。

●苦木科：木本树皮有苦味，羽叶互生罕对生。花序总状圆锥状，或为聚伞顶腋生。辐射对称花单性，萼片通常 3~5。覆瓦排列或镊合，花瓣同数可缺如。果实浆果核果状，或为翅果不开裂。

●楝科：羽状复叶为木本，互生全缘无托叶。叶基多少有偏斜，各型花序腋顶生。杯状萼小 45 裂，偶尔离生覆瓦状。花瓣同数稍合生，花药连成雄蕊管。无柄花药内向着，子房上位胚珠多。

●远志科：草本全缘叶互生，偶尔对生或缺如。两侧对称花完全，具有苞片小苞片。萼片 5 枚不等长，花瓣如同蝶形花。龙骨花瓣仅 1 枚，其它狭小如鳞片。雄蕊 8 枚丝连鞘，子房上位鞘中包。

●大戟科：植物通常具乳汁，花序杯状聚伞形。单叶互生花单性，同株着生亦不同。花序外围具总苞，雄蕊数目随种异。子房上位 3 心皮，中轴胎座为蒴果。

●漆树科：木本树皮含树脂，复叶互生无托叶。两性单性或杂性，花小整齐性别奇。萼片离生 3~5，花瓣同数偶尔无。雄蕊与之成整倍，雌蕊 1 室房上位。果实多为核果状，种子肉质无胚乳。

●卫矛科：乔木灌木或藤本，单叶对生也互生。托叶小形常早落，淡绿花被常两性。辐射对称偶单生，聚伞圆锥顶腋生。萼片花瓣 4~5，雄蕊互生且同数。子房上位 45 室，核果蒴果偶有翅。

●槭树科：落叶木本无托叶，叶片 3 裂或掌裂。雌雄同株同花生，也可异株为单性。花冠整齐黄绿色，萼片花冠 4~5。雄蕊通常为 8 枚，柱头 2 裂房上位。2 室子房成分果，具翅坚果好定科。

●无患子科：木本多为羽状叶，小叶全缘或齿缺。花小两性无托叶，各式花序顶腋生。萼片分离 4~6，花瓣同数偶没有。基部内侧有附属，雄蕊 8 枚连基部。23 心皮房上位，龙眼荔枝属此类。

●凤仙花科：肉质草本节膨大，左右对称两性花。单个数朵生叶腋，花冠色素染指甲。花萼如瓣有 3 片，基部有距可分辨。花瓣 5 枚分旗翼，唇瓣有距样式奇。雄蕊 5 枚花丝短，子房上位果长圆。蒴果室背常开裂，种籽弹出性子急。

●鼠李科：木本单叶常具刺，叶脉犹如三叉戟。花小整齐常两性，萼筒 5 裂不分离。花瓣同数生萼筒，雄蕊对生数目同。花盘发达为肉质，子房上位藏其中。萼筒宿存包果实，部分种类缘有翅。最为常见浆核果，大枣拐枣和鼠李。

●葡萄科：藤本攀援凭卷须，聚伞伞房穗花序。枝条有棱或条纹，茎节增大具关节。互生单叶或复叶，托叶贴柄有或缺。两性单性花整齐，萼裂45或37。花瓣同数基合生，雄蕊花瓣相对生。子房上位为浆果，种子坚硬胚乳多。

●椴树科：木本全身被星毛，单叶互生托叶小。聚伞圆锥顶腋生，萼片5枚花两性。苞片宿存如扁担，花瓣数目同萼片。雄蕊10枚至多数，基部合生集成束。子房上位室数多，核果蒴果或浆果。

●锦葵科：单叶互生叶掌裂，常被星毛2托叶。辐射对称花两性，单生簇生或集聚。常有总苞称副萼，萼片5枚基合生。单体雄蕊房上位，中轴胎座心皮多。蒴果分果或浆果，折叠子叶号分别。

●梧桐科：单叶互生有托叶，两性单性常对称。果实开裂或聚合，心皮呈叶如灯笼。圆锥聚伞花序生，花瓣5枚列回旋。雄蕊多数排2列，1列退化1列合。

●子房上位4~5室，中轴胎座干果多。

●猕猴桃科：攀援灌木有乔木，枝髓实心或片层。单叶互生锯齿多，羽状脉被星毛密。5枚萼片常宿存，同数花瓣覆瓦排。雄蕊多数离或束，子房上位多珠室。胚珠倒生于中轴，浆果味美奇异果。

●柽柳科：互生叶小如鳞片，穗状花序较明显。萼片花瓣45数，雄蕊互生于花瓣。雌蕊1室房上位，花柱离生常3枚。蒴果1室不完全，种子先端有毛被。生长环境耐干旱，盐碱化沙地最常见。

●堇菜科：中医药用称地丁，草本植物叶基生。托叶基部连叶柄，两侧对称花两性。苞片2枚花萼5，花瓣有距亦或无。雄蕊花瓣相互生，花药背具附属物。3皮1室房上位，侧膜胎座结蒴果。蒴果开裂为3瓣，种子多数随之落。

●胡颓子科：木本植物生盐渍化地区，全身鳞片色银灰。全缘单叶无托叶，不惧日晒与风吹。花朵小型颜色绿，形成总状穗花序。花被管状2~4，子房上位仅1室。果期花被要收缩，先端肉质包浆果。

●千屈菜科：全缘叶片常对生，辐射花冠花两性。花朵单生在枝顶，或成花序顶腋生。花萼裂片4~6，花瓣同数生边部。雄蕊数目常较多，大小不同样式奇。子房上位与萼离，每室胚珠有多粒。

●五加科：草本木本常具刺，托叶贴柄连成鞘。伞形花序或头状，辐射对称花较小。花序最外有总苞，萼小花瓣顶成帽。雄蕊与之成整倍，花盘肉质房下位。胚珠倒生有多室，果实浆果状核果。

●伞形科：草本中空叶互生，特殊气味多药用。复叶通常为多回，叶柄基部形成鞘。花序顶生或腋生，通常单伞复伞形。花瓣5枚房下位，2皮2室1胚珠。分果双悬侧压扁，果实棱部有油管。

●山茱萸科：木本单叶常对生，辐射对称花两性。排列各式花序形，常具苞片花瓣形。花萼裂片4~5，花瓣分离同雄蕊。雌蕊心皮2~4，子房下位花柱1。果实核果或浆果，种子胚小胚乳多。

●蓝雪科：多年草本灌木小，单叶互生托叶少。花在花序一侧生，两性花常辐射称。筒状花萼有裂棱，膜质着色好分别。雄蕊 5 枚花对生，子房上位 1 室存。蒴果常包宿萼内，种子一粒生盐碱。

●柿树科：单叶全缘常互生，雌雄常异花单性。宿存花萼果期大，花冠旋转 3~7。雄蕊基生倍数生，子房上位有多室。浆果种子有薄皮，柿与君迁味道鲜。

●木犀科：木本植物对生叶，两性花冠无托叶。圆锥聚伞顶或腋，花萼花冠常 4 裂。雄蕊 2 枚常下位，两个心皮房上位。浆核翅蒴种类多，观赏绿化用此科。

●萝藦科：草本藤本常攀援，块根肉质乳汁粘。单叶全缘脉羽状，聚伞花序成伞状。花冠合瓣檐 5 裂，雌雄粘生合蕊柱。子房上位 2 心皮，侧膜胎座蓇葖果。

●旋花科：缠绕匍匐草质藤，常有乳汁叶互生。叶形多样花生腋，梗细常有 2 苞片。冠生雄蕊有 5 枚，漏斗花冠相互生。中轴胎座两胚珠，子房上位蒴果成。

●紫草科：草本植物被硬毛，单叶互生多粗糙。单歧蝎尾聚散序，5 枚雄蕊冠上找。花萼 5 枚冠 5 瓣，喉部常有附属物。两个心皮 4 深裂，复雌蕊生 4 坚果。

●马鞭草科：单叶对生茎具棱，常无托叶叶对生。花序穗状或聚伞，花萼杯状果宿存。花冠合生 45 裂，雄蕊 4 枚为二强。子房上位两心皮，坚果成熟才分离。

●唇形科：茎四棱，叶对生，挥发油脂遍全身。轮伞花序唇形冠，2 强雄蕊高处站。子房上位 2 心合，留下 4 个小坚果。薄荷藿香与荆芥，益母黄芩可活血。

●茄科：双韧维管叶互生，聚伞花序叶腋成。合瓣花冠常成筒，雄蕊 5 枚相互生。中轴胎座两心皮，每室多胚果实生。浆果常可作蔬菜，烟草常用蒴果栽。

●玄参科：草多稀有树木生，单叶多为相对生。两性花成各花序，萼片宿存冠合生。二唇裂片 4~5，二强雄蕊冠筒生。子房上位有 2 室，中轴胎座蒴果成。唇形与之多相似，茎圆而非四方棱。

●紫葳科：乔木灌木稀草本，单叶复叶稀互生。两性花大多美丽，左右对称多花序。雄蕊 5 枚生冠基，裂片互生 1 不育。子房位于花盘上，1~2 室多胚珠。家种梓树与楸树，凌霄攀上是大户。

●胡麻科：草本多为叶对生，两侧对称花两性。单生叶腋顶生序，花冠筒状稍似唇。雄蕊 4 枚花互生，花盘杯状房上位。中轴胎座花柱 1，蒴果坚果核果状。

●车前科：草本单叶常基生，基部呈鞘脉近平。穗状花序有两性，花冠膜质花小型。雄蕊 4 枚冠筒内，子房上位蒴果坐。全草是宝药效好，叶似辐条容易找。

●茜草科：单叶对生或轮生，两片托叶柄基生。花多两性辐射称，45 基数样式多。雄蕊花冠相互生，子房下位常 2 室。蒴果核果和浆果，胚珠多数至 1 枚。

●忍冬科：灌木缠绕或直立，本质柔软大髓心。对生叶来无托叶，两性花称聚簇生。花筒子房基处合，雄蕊 4~5 与互生。子房下位浆核果，药用观赏价值多。

●败酱科：常见草本多年生，叶片对生或基生。羽状分裂或全缘，花小两性无托叶。

花序聚伞圆锥状，花萼小而不明显。花冠筒状微具距，雄蕊3枚或4枚。子房下位有3室，仅有1室可发育。果实常见为蒴果，先端增大形成翅。

●葫芦科：藤本植物草本质，侧生卷须可攀援。单叶互生掌状裂，雌雄同异花单性。花萼5裂花冠合，雄蕊5枚药常曲。子房下位3侧膜，柱头3个胚珠多。瓠果内质种子多，东西南北瓜水果。

●桔梗科：多为草本稀木本，直立攀援汁液多。常单叶生无托叶，聚伞花序单二歧。两性花常相对称，萼筒子房相合生。花冠5裂样式多，雄蕊同数基处着。子房下位半下位，中轴胎座蒴果成。

●菊科：此乃被子第一科，分布极广用极多。头状花序有总苞，舌花管花萼变毛。5枚雄蕊常合生，紧抱一起称聚药。下位子房珠室1，瘦果有毛随风跑。

●禾本科：此科常有禾与竹，农工绿化功勋著。秆空有节基分枝，单叶互生成两列。叶鞘舌耳有或缺，脉纵平行好分别。两性花小装小穗，颖包稃片裹浆片。雄蕊常3药丁字，子房上位一珠室。颖果常作粮食用，稻麦黍粟见四处。

●莎草科：草本常有根状茎，地上无节三棱形。叶有三列茎实心，或仅叶鞘闭合生。各种花序或小穗，毛鳞常见花被退。雄蕊常3雌蕊复，子房上位1珠室。坚果三棱凸球形，荸荠香附作药行。

●天南星科：草本常有球根茎，体含乳汁气生根，茎基常有膜质鞘，叶形叶脉样式多。肉穗花序佛焰苞，宿存早落色彩耀。花小味臭性难分，雄蕊稀1248，雌蕊1枚心室多，浆果密集穗轴生。

●鸭趾草科：多汁草本直或攀，柄基膜质鞘抱茎。互生单叶并行脉，辐射对称花两性。花被2轮外宿存，6枚雄蕊或2退。两个药室并或叉，1个雌蕊房上位。中轴胎座或蒴果，种子有棱，胚盖圆。

●雨久花科：多年草本水边生，根状茎粗或横走。地上茎短叶鞘包，辐射对称花两性。6片花被覆瓦状，6枚雄蕊缺或退。雌蕊1枚房上位，3室中轴1侧膜。果实有分蒴和胞，常见凤眼鸭舌草。

●百合科：多年草本稀木本，基生单叶基互生。辐射对称花两性，6枚花被两轮生。同数雄蕊与花对，子房大多安上位。3室子房中轴座，心皮3数雌蕊复。茎大花美蒴果浆，葱蒜百合郁金香。

●石蒜科：鳞茎根茎多年生，线形带状叶基生。伞形花序合两性，常有总苞成膜状。花被6枚如花瓣，雄蕊6枚两轮转。3个心皮如百合，子房却在下位安。美丽清香用处广，水仙石蒜君子兰。

●薯蓣科：攀援缠绕多年生，块茎肉质常似根。叶常互生稀为对，基部心形掌脉明。叶柄关节常扭转，雌雄异株花单性。花被6片列两轮，雄蕊6枚或3退。子房下位有3室，蒴果3瓣有3翅。

●鸢尾科：多年草本茎多样，长叶基生套折状。两性对称两轮生，花被皆为花瓣相。

蒙古栎（*Quercus mongolica*），雾灵山，2

山杨（*Populus davidiana*），雾灵山，2010，张

水曲柳（*Fraxinus chinensis*），雾灵山，2013，张洪军 摄

婆婆纳（*Pseudolysimachion linariifolium*），石门寨，2012，张洪军 摄

益母草（*Leonurus japonicus*），石门寨，2010，张洪军 摄

大戟（*Euphorbia pekinensis*），浑源，2010，张洪军 摄

萝藦（*Metaplexis japonica*），秦皇岛，2009，张洪军 摄

月见草（*Oenothera biennis*），秦皇岛，2011，张洪军 摄

曼陀罗（*Datura stramonium*），秦皇岛，2013，张洪军 摄

圆叶牵牛（*Pharbitis purpurea*），2009，雾灵山，张洪军 摄

柳兰（*Epilobium angustifolium*），雾灵山，2013，张洪军 摄

马先蒿（*Pedicularis chinensis*），石门寨，2013，张洪军 摄

鬼针草（*Bidens parviflora*），石门寨，2013，张洪军 摄

桔梗（*Platycodon grandiflorus*），雾灵山，2011，张洪军 摄

苍耳（*Xanthium sibiricum*），石门寨，2013，张洪军 摄

牛蒡（*Arctium lappa*），雾灵山，2009，张洪军 摄

飞蓬（*Erigeron acer*），秦皇岛，2011，张洪军 摄

大籽蒿（*Artemisia sieversiana*），2009，天津，张洪军 摄

蓍草（*Achillea millefolium*），浑源，2011，张洪军 摄

穿龙薯蓣（*Dioscorea nipponica*），石门寨，2011，张洪军 摄

鸭跖草（*Commelina communis*），石门寨，2009，张洪军 摄

Ⅲ 草原

内蒙古草原景观，内蒙古太仆寺旗，2009，李保国

坝上草原景观，张北，2009，张洪军 摄

Ⅲ –1 温带典型草原

针茅草原景观，大同，2013，张洪军 摄

羊草草原，大同，2011，张洪军 摄

Ⅲ –2 温带草甸草原

草甸草原，太仆寺旗，2012，张洪军 摄

五花草甸，内蒙古岱海，2010，张洪军 摄

Ⅲ -3 低平地草甸

张北低平地草原，2012，张洪军 摄

代表植物

柽柳（*Tamarix chinensis*），天津，2009，李保国 摄

枸杞（*Lycium chinense*），阳原，2011，张洪军 摄

柠条（*Caragana microphylla*），阳原，2010，张洪军 摄

百里香（*Thymus mongolicus*），大同，2012，张洪军 摄

地榆（*Sanguisorba officinalis*），坝上张北，2009，张洪军 摄

麻黄（*Ephedra sinica*），大同，2010，张洪军 摄

黄芪（*Astragalus membranaceus*），山西平朔，2010，张洪军 摄

蒺藜（*Tribulus terrester*），阳原，2010，张洪军 摄

麻花头（*Serratula centauroides*），山西平朔，2012，张洪军 摄

马蔺（*Iris lactea* var. *chinensis*），内蒙太仆寺，2010，张洪军 摄

甘草（*Glycyrrhiza inflata*），阳原，2012，张洪军 摄

野韭（*Allium ramosum*），大同，2011，张洪军 摄

虎尾草（*Chloris virgata*），天津，2011，张洪军 摄

狗尾草（*Setaria viridis*），天津，2010，张洪军 摄

佛子茅（*Calamagrostis epigeios*），秦皇岛，2012，张洪军 摄

芨芨草（*Achnatherum extramiorientale*），阳原，2008，李贵桐 摄

黄背草（*Themeda japonica*），石门寨，2013，张洪军 摄

马唐（*Digitaria sanguinalis*），坝上张北，2009，张洪军 摄

白茅（*Imperata cylindrica*），山西，2011，张洪军 摄

长芒草（*Stipa bungeana*），坝上张北，2009，张洪军 摄

碱茅（*Puccinellia distans*），大同，2009，张洪军 摄

披碱草（*Elymus dahuricus*），坝上张北，2011，张洪军 摄

Ⅳ 湿地

河道湿地景观，山西桑干河，2009，张洪军 摄

沉积湖泊湿地景观，大同杜庄，2011，张洪军 摄

滨海河道湿地景观，天津，2010，李保国 摄

滨海盐土湿地景观，天津，2011，张洪军 摄

代表植物

千屈菜（*Lythrum salicaria*），秦皇岛，2010，张洪军 摄

碱菀（*Tripolium vulgare*），天津，2011，张洪军 摄

芦苇（*Phragmites australis*），大同，2012，张洪军 摄

香蒲（*Typha orientalis*），秦皇岛，2009，张洪军 摄

泽泻（*Alisma plantago-aquatica*），阳原，2010，张洪军 摄

碱蓬（*Suaeda glauca*），天津，2012，李保国 摄

灰绿藜（*Chenopodium glaucum*），天津，2011，张洪军 摄

地肤（*Kochia scoparia*），大同，2009，张洪军 摄

水葫芦（*Eichhornia crassipes*），北京，2009，张洪军 摄

慈姑（*Sagittaria trifolia*），阳原，2010，张洪军 摄

盐地碱蓬（*Suaeda salsa*）天津，2012，张洪军 摄

水葱（*Scirpus tabernaemontani*），阳原，2010，张洪军 摄

V 农田

大同盆地农田景观与册田水库，2011，李保国 摄

阳原盆地农田景观，2011，张洪军 摄

大同盆地农田景观与草地，2011，李保国 摄

草原农田景观，2009，张洪军 摄

山地农田景观，石门寨，2007，李贵桐 摄

滨海盐碱土农田景观，天津，2009，张洪军 摄

主要作物

向日葵（*Helianthus annuus*），大同，2011，张洪军 摄

玉米（*Zea mays*），阳原，2010，李保国 摄

谷子（*Setaria italica*），大同，2012，李保国 摄

黍子（*Panicum miliaceum*），大同，2010，李保国 摄

胡麻（*Linum usitatissimum*），坝上张北，2009，张洪军 摄

草木樨（*Melilotus suaveolens*），张北，2010，张洪军 摄

莜麦（*Avena nuda*），坝上张北，2009，李保国 摄

红小豆（*Vigna umbellata*），大同，2008，李保国 摄

参考文献

《地球科学大辞典》编委会．地球科学大辞典（基础科学卷）．北京：地质出版社，2006

贺士元，邢其华，等．北京植物志（上、下册）（修订版）．北京：北京出版社，1984

林建平，赵国春，程捷，等．北戴河地质认识实习指导书．北京：地质出版社，2005

吕贻忠，李保国．土壤学．北京：中国农业出版社，2006

闵隆瑞，迟振卿，等．河北阳原盆地西部第四纪地质．北京：地质出版社，2003

孙振钧．生态学实验与野外实习指导．北京：化学工业出版社，2010

魏学智．植物学野外实习指导．北京：科学出版社，2008

张新时，唐海萍，等．中国北方农牧交错带优化生态－生产范式集成．北京：科学出版社，2008

张光玉，汪苏燕．天津湿地与古海岸遗迹．北京：中国林业出版社，2008

中国数字植物标本馆．http://www.cvh.org.cn/